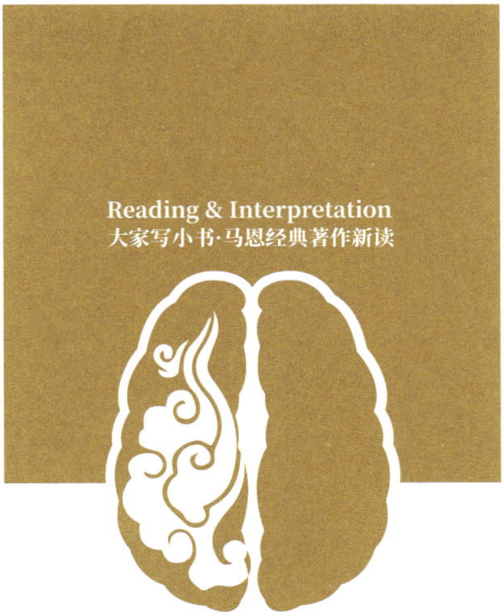

丛书主编 董振华

唯物辩证世界观的科学发现

《自然辩证法》新读

董振华 著

红旗出版社

图书在版编目(CIP)数据

唯物辩证世界观的科学发现 :《自然辩证法》新读 /董振华著;谷耀宝,王曼执笔. —北京 : 红旗出版社, 2022.1
(大家写小书 / 董振华主编. 马恩经典著作新读)
ISBN 978-7-5051-5144-4

Ⅰ.①唯… Ⅱ.①董…②谷…③王… Ⅲ.①《自然辩证法》-恩格斯著作研究 Ⅳ.①A811.24

中国版本图书馆CIP数据核字(2021)第212472号

书　名 唯物辩证世界观的科学发现
《自然辩证法》新读
著　者 董振华

责任编辑 丁 鋆　　从书统筹 丁 鋆
文字编辑 汪佳梅　　责任印务 金 硕
责任校对 沈云才 吕丹妮　　装帧设计 戴 影
出版发行 红旗出版社
地　址 北京市沙滩北街2号　　邮政编码 100727
杭州市体育场路178号　　邮政编码 310039
编 辑 部 0571-85310806
E-mail rucdj@163.com　　发 行 部 0571-85311330
图文排版 杭州兴邦电子印务有限公司
印　刷 杭州广育多莉印刷有限公司
开　本 889毫米×1194毫米 1/32
字　数 78千字　　印　张 3.5
版　次 2022年1月第1版　　印　次 2022年1月第1次印刷
ISBN 978-7-5051-5144-4　　定　价 20.00元

把读马克思主义经典当作生活习惯

（丛书序）

习近平总书记在纪念马克思诞辰200周年大会上的讲话中强调："共产党人要把读马克思主义经典、悟马克思主义原理当作一种生活习惯、当作一种精神追求，用经典涵养正气、淬炼思想、升华境界、指导实践。"阅读马克思主义经典著作对于广大党员干部树立正确的世界观、人生观和价值观，从而以科学的世界观和方法论分析问题、解决问题和推动工作，具有重大的意义。

一、通过阅读马克思主义经典，感悟马克思主义经典作家的崇高价值追求，不断升华思想境界

人的自然生命总是有限的，作为自然的人，历史上的伟人不可能再对我们耳提面命，但是，他们的灵魂不朽，作为我们的精神导师，他们可以穿越时空对我们谆谆教诲。我们和伟人对话的方式，就是阅读他们撰写的经典，去感悟经典中所承载的不朽灵魂和伟大人格。马克思主义经典作家虽然已经远去，但是他们的精神和思想是不朽的，通过他们所创造的事业而生生不息，通过他们的经典著作而天长地久。正如《道德经》所言："不失其所者久，死而不亡者寿。"我们通过反复阅读马克思主义经典作家留下的经典著作，和他们心灵共鸣、灵魂

共振，接受马克思主义智慧和道义的滋养，不断升华思想境界，走向崇高，活出生命的意义和价值。

马克思主义经典作家作为人类解放的“盗火者”，为了给人类带来光明，历尽千辛万苦，仍然不屈不挠，奋斗不息，成就了伟大的人生。马克思在参加中学毕业考试的时候写下的作文《青年在选择职业时的考虑》中指出：“如果我们选择了最能为人类而工作的职业，那么，重担就不能把我们压倒，因为这是为大家作出的牺牲；那时我们所享受的就不是可怜的、有限的、自私的乐趣，我们的幸福将属于千百万人，我们的事业将悄然无声地存在下去，但是它会永远发挥作用，而面对我们的骨灰，高尚的人们将洒下热泪。”[①]从马克思的这篇作文中，我们可以强烈地感受到他伟大的人格和崇高的价值追求，能够明白什么样的生命才是有意义和价值的，才能够坚定理想信念，升华精神境界。马克思的生命实践充分彰显了伟人的灵魂和精神价值，也成就了马克思光辉的人生，受到了人们的普遍敬仰和尊敬。

正如习近平总书记在纪念马克思诞辰200周年大会上的讲话中所指出的：“马克思的一生，是胸怀崇高理想、为人类解放不懈奋斗的一生。”“马克思一生饱尝颠沛流离的艰辛、贫病交加的煎熬，但他初心不改、矢志不渝，为人类解放的崇高理想而不懈奋斗，成就了伟大人生。”

---

①《马克思恩格斯全集》第1卷，人民出版社1995年版，第459—460页。

二、通过阅读马克思主义经典，学习马克思主义经典严谨的论证逻辑，掌握科学思想方法

一个理论如果缺乏严密的逻辑论证，要么是停留于空洞无物的无病呻吟，要么是停留于盲目自大的独断空论，这是苍白无力的，是不能够让人真服、真信的。我们通过阅读马克思主义经典，可以得出这样的深切感受：他们不是高高在上向人们颁布真理，而是通过铁的逻辑一步步严谨论证，最终的结论是自然而然在字里行间得出并呈现给读者，从而能够说服人、打动人、鼓舞人，让人们真懂、真信、真用，这是逻辑的力量！

我们阅读《共产党宣言》就能够强烈感受到这种逻辑的力量。马克思、恩格斯站在历史唯物主义的客观立场，对资本主义及其繁荣的景象进行了绘声绘色的描绘，对资本主义制度的历史贡献和历史合理性进行了充分肯定。在充分肯定的基础上，却得出了彻底否定的结论。这里所运用的逻辑就是辩证法。根据辩证法的逻辑，“辩证法在对现存事物的肯定的理解中同时包含对现存事物的否定的理解”，资本主义造就了如此巨大的生产力，极大地推动了历史的发展和社会的进步，但是，这也恰恰是资本主义必然要退出历史舞台的内在原因。因此，资本主义的合理性只是历史的合理性，也就是说，这只是有一定的前提和界限的合理性，只是在人类历史进程中的某一阶段具有合理性，超过了这个阶段必然丧失合理性。为此，《共产党宣言》指出：“资产阶级用来推翻封建制度的武器，

现在却对准资产阶级自己了。”[①]“资产阶级的关系已经太狭窄了，再容纳不了它本身所造成的财富了。”[②]因此，资本主义和资产阶级应该灭亡了，也必然会灭亡，“资产阶级的灭亡和无产阶级的胜利是同样不可避免的”[③]。资本主义必然灭亡，但是，这并不意味着它会自动灭亡，“共产党人不屑于隐瞒自己的观点和意图。他们公开宣布：他们的目的只有用暴力推翻全部现存的社会制度才能达到”[④]。

由此我们可以看到，无产阶级必须通过革命手段实现人类解放的根本价值追求，这一科学结论不正是在辩证法严密逻辑的基础上经过充分论证而得出来的吗？我们阅读马克思主义经典，就要学习这样的科学思想方法，在理论宣传和群众工作中力求做到言之有理、持之有故、以理服人，才能够让人们真信、真服，从而用科学的理论和崇高的价值说服人、凝聚人。

三、通过阅读马克思主义经典，体悟马克思主义经典蕴含的强烈问题意识，善于聆听时代声音

马克思主义经典作家撰写著作，并不是为了学术上的建树和理论上的兴趣，而是为了人类解放这一根本价值主题，针对时代问题而撰写的，因此，马克思主义经典著作蕴含着深刻的问题意识。我们阅读马克思主义经典著作，就必须深入到

①《共产党宣言》，人民出版社2018年版，第34页。
②《共产党宣言》，人民出版社2018年版，第33页。
③《共产党宣言》，人民出版社2018年版，第40页。
④《共产党宣言》，人民出版社2018年版，第65页。

这些著作撰写时的历史语境中，用强烈的问题意识把握这些经典著作所针对的时代问题，否则就容易陷入教条主义，至多成为一个只会夸夸其谈的“理论家”。

每个时代都有属于自己的时代问题，牢牢抓住这个时代问题，用强烈的问题意识准确地把握时代问题的本质，并找到解决时代问题的价值选择和理性方法，这是马克思主义经典作家在进行经典创作时的出发点。我们在阅读马克思主义经典的时候，应当通过回到当时的时代语境，进行视界融合，体悟当时人类现实生活的生存境遇、价值诉求等层面凸显出来的矛盾与问题，去学习马克思主义经典作家对这些时代问题进行深度研究、审视与批判所运用的逻辑和方法，映照当今的时代问题，从而得到启发和方向。

各级领导干部阅读马克思主义经典著作要在思想与时代问题的互动对话中完成，就必须把握时代脉搏，强化问题意识，正确审视当代社会发展中的问题与困境。马克思主义的基本原理为我们的实践活动提供了总的指导思想、根本原则和根本方法，但是，它没有提供解决问题的现成答案，必须由我们自己在坚持马克思主义立场、观点、方法的基础上，创造性地探索和解决这些问题。

毋庸置疑，广大党员干部对于阅读马克思主义经典的重要性基本形成了一种共识，但是面对纷繁复杂的社会环境、繁杂繁重的日常工作以及浩如烟海的经典著作，党员干部如何才能亲近经典、深入经典、融入经典呢？本着“学马列要精，要管用”的原则，丛书第一辑我们选定了10本经典著作，由红旗文稿杂志社顾保国社长主编，组织国内著名高校的权威专家进行精心解读，出版之后社会反响强烈，不断收到读者反馈，要求我们继续编撰出版相关著作；丛书还入选了国家新闻出版署组织实施的2020年“优秀通俗理论读物出版工程”。这既是对我们工作的肯定和鼓励，也是对我们的鞭策和激励，更是我们理论工作者义不容辞的责任和使命。正是基于这样的考虑，我们在第一辑的基础上，秉持同样的理念又选定了10本经典著作，组织权威专家进行解读，并由红旗出版社编辑出版“大家写小书·马恩经典著作新读”第二辑，希望为马克思主义大众化作一点力所能及的贡献，不辜负大家的期望和伟大的时代。必须实事求是地指出，马克思主义经典著作内容博大精深，而我们对其的学习和领悟只能是冰山一角、高山仰止。鉴于我们的学术水平和认知能力有限，肯定存在解读不准确甚至错误的地方，敬请各位读者不吝指正！

中共中央党校（国家行政学院）
哲学教研部副主任、教授　董振华

2021年10月

目　录

前 言

《自然辩证法》是恩格斯独立撰写的一部未完成的著作，断断续续写于1873年至1883年间。虽然马克思、恩格斯的著作中始终贯穿着唯物辩证法的思想，一以贯之运用辩证法的逻辑同各种错误思潮和反动观点进行论战，但是，对于辩证法进行专门论述的著作，这是唯一的一部。因此，《自然辩证法》在马克思主义发展史上具有非常重要的历史地位，它不仅在科学基础上揭示了辩证思维的客观性，更是对推进马克思主义理论体系的完善和发展作出了重要贡献。

马克思、恩格斯历来都十分重视对自然科学领域的研究，在《政治经济学批判大纲》《德意志意识形态》等著作中对于自然科学对社会发展的重要作用等方面都有初步的论述。其间，为了引导无产阶级斗争的需要，马克思把更多精力放在了《资本论》的写作中，致力于揭示人类社会历史的辩证法和客观发展规律，而揭示自然辩证法和客观规律的使命便历史性地落在了恩格斯的肩上。恩格斯没有上过大学，没有受过哲学的系统训练，但是他不畏艰难，刻苦钻研，先后写作了关于自然辩证法的10篇论文和170多个札记和片段，不仅实现了自身对数学和自然科学领域的彻底“脱毛”，更为唯物辩证世界观的科学发现作出了重要贡献。在恩格斯生前，《自然辩证法》的手稿并未发表，恩格斯逝世后，其手稿中的《劳动在从猿到人的转变中的作用》和《神灵世界中的自然研究》两篇论文才分别在当时德国的两本报刊(《新时代》和《新世界历书》)上发表。直到恩格斯逝世近30年后,《自然辩证法》才以德文和俄译文对照版的形式在苏联正式出版。1932年,《自然辩证法》传入中国,第一版中译本由上海神州国光社出版,杜畏之翻译。随后人民出版社等又先后出版了十几种译本。《自然辩证法》传入中国之后,产生了很大影响,以至于我们在20世纪50年代还形成了以其命名的学科和专业。

本新读主要以人民出版社出版的2018年版中译本《自然辩证法》为蓝本,这是中译本《自然辩证法》中的最新版本,主要采用的是中央编译局出版的《马克思恩格斯全集》中文第二版第26卷的译文和资料,该版本的主要内容是按手稿内容(恩格斯的写作计划)的方式进行编排的,主要包括了以下几个方面:1. 计划草案;2. 历史导论;3. 黑格尔以来的理论发展进程、哲学和自然科学;4. 辩证法作为科学;5. 物质的运动形式以及各门科学的联系;6. 各门科学的辩证内容;7. 自然界和社会;8. 四束手稿目录。同时,为方便读者阅读,编译者增补了带方括号[]的标题,本书亦沿用了此技术规格。另外,为便于读者更全面地了解恩格斯有关《自然辩证法》的写作目的、写作思路和最初制定的宏大计划,该书最后还收录了从1858年到1876年期间恩格斯写给马克思和彼得·拉甫罗维奇·拉普洛夫的5封书信。

Reading & Interpretation
大家写小书·马恩经典著作新读

第一章
写作背景

理论是时代的产物，时代课题是理论创新和发展的重要驱动力。恩格斯写作《自然辩证法》的目的不能简单归因于其个人兴趣，或者仅是恩格斯为了实现对自然科学领域的“脱毛”，其写作的根本原因源于时代发展和马克思主义自身发展的现实需要，而《自然辩证法》便是对这一现实需要的积极回应。首先是19世纪自然科学的巨大进步，使得自然辩证法研究成为“历史的必然”；其次是欧洲无产阶级革命因巴黎公社失败暂时陷入低潮，进入到了一个新的历史时期，迫切需要更为完善的马克思主义理论的指导；最后是唯心主义和形而上学等错误思潮在自然观领域仍然占据主导地位，尤其是以毕希纳为代表的庸俗唯物主义和社会达尔文主义对自然科学发展甚至国际工人运动也产生着消极影响。

一、19世纪自然科学的发展

人类社会进入到19世纪，自然科学取得了突飞猛进的发展，一系列重大科学发现和科技成果相继问世，自然科学领域积累了大量的科学材料，迫切需要运用正确的理论方法去概括和总结，以指导和促进自然科学的进一步发展，恩格斯正是在这种背景下写作《自然辩证法》的。恩格斯指出：“由于这三大发现和自然科学的其他巨大进步，我们现在不仅能够说明自然界中各个领域内的过程之间的联系，而且总的说来也能说明各个领域之间的联系了，这样，我们就能够依靠经验自然科学本身所提供的事实，以近乎系统的形式描绘出一幅自然界联系的清晰图画。”①

①《马克思恩格斯选集》第4卷，人民出版社2012年版，第252页。

天文学领域的发展。在17—18世纪，由于受到牛顿经典力学的影响，人们普遍认为宇宙是永恒不变的，很少有人去关注宇宙的起源问题，甚至认为宇宙的起源是神的创造。而到了18世纪中期，这种神创论观点被德国哲学家康德在《自然通史与天体论》一书提出的太阳系起源的"星云假说"所打破。在康德看来，并不存在所谓神秘的"第一推动"，太阳系的形成是不断生成的结果。宇宙最初是由原初微粒所组成的，并受到万有引力和斥力的作用，这些原初微粒是不断运动和发展的。在引力作用下，密度较小的微粒会不断聚集在密度较大的微粒周围，密度较大的微粒会不断聚集在密度更大的微粒周围，这样一直发展下去，最终形成原始太阳；在斥力作用下，一些微粒在向太阳垂直下落过程中会改变方向，偏转下落，围绕太阳作圆周运动。虽然康德的观点在当时并没有引起科学界的关注，但是恩格斯却给予了高度评价："康德关于所有现在的天体都从旋转的星云团产生的学说，是从哥白尼以来天文学取得的最大进步。认为自然界在时间上没有任何历史的那种观念，第一次被动摇了。在这之前，人们都认为，各个天体从最初起就始终在同一轨道上并且保持同一状态；即使在单个天体上单个有机体会消亡，人们总认为类和种是不变的。虽然自然界明显地处在永恒的运动中，但是这一运动看起来好像是同一过程的不断重复。康德在这个完全适合于形而上学思维方式的观念上打开了第一个突破口。"[①]

几十年以后，法国数学家拉普拉斯通过独立的研究探索，

① 恩格斯：《反杜林传》，人民出版社2018年版，第59页。

经过力学原理和数学方法的严密论证，在其发表的《宇宙体系论》一书中提出了与康德观点一致的“星云假说”。由此，“星云假说”在科学界开始受到重视。“星云假说”虽然也存在着缺陷，但是对于当时自然科学和哲学的发展却有着重要意义。它所主张的宇宙天体的起源是一个不断发展变化的过程，打破了形而上学自然观所认为的自然是永恒不变的、不存在时间上的历史的观点。另外，这种主张自然是不断演化生成的观点，也为地质学、生物学等其他自然科学的快速发展奠定了基础。

恩格斯认为康德的“星云假说”使关于天体运动第一次推动的问题被取消了，地球和整个太阳系从而表现为某种在时间的进程中因引力作用而逐渐生成的东西。这就表明，自然界不是一直就这样存在着的，而是生成着并消逝着的。正是基于此，恩格斯以自然科学为坚实基础所创立的辩证自然观与古代天才的直觉的自然观比较起来，就更具有说服力和科学性，而相对近代的形而上学唯物主义来说，就更凸显了形而上学唯物主义的缺陷。

物理学领域的发展。在物理学领域，最重要的发现便是能量守恒与转化原理。值得一提的是，这一原理的发现是迈尔、焦耳、格罗夫等几位科学家在独立研究基础上几乎同时提出的。1842年，德国物理学家迈尔在《关于无机界力（能量）的说明》一文中最早提出了能量守恒与转化原理，他指出：“力（能量）是原因，因此，我们可以在有关力（能量）的方面，充分应用因等于果的原则……我们可以说，因是数量上不可毁的和质量上可变换的存在物……所以，力（能量）是不可毁的、可变换的、不可称量的存在物。”与此同时，英国物理学家焦耳通过大量反复的实验，也发现和提出了能量守恒与转化原理。几年之后，德国物理学家赫尔曼·赫尔姆霍茨在《论力的守恒》一文中全面系统地阐述了能量守恒与转化原理。由此，能量守恒与转化原理得到了当时科学界的广泛认可。能量守恒与转化原理的提出，揭示出了自然界一切运动变化的内在本质。恩格斯指出：“种种物理力的存在的偶然性，从科学中被排除出去了，因为它们之间的联系和转化已经得到证明。物理学和以前的天文学一样，获得了一种结果，这种结果必然表明：运动着的物质的永恒循环是最终的结论。”①

化学领域的发展。在化学领域，最重要的发展是有机物尿素的人工合成。1806年，瑞典化学家贝采利乌斯首次提出“有机化学”这一名词，由此，在化学研究领域便有了无机化学和有机化学这两个不同的分支。由于当时的科学技术水平有限，有机物只能是从天然有机体中来提取，而无法通过无机物来合成。基于此，贝采利乌斯便提出了“生命力论”，强调无机物不可能合成有机物，有机物是和动植物等生命体紧密联系在一起的，只能通过生命体中所独有的生命力作用而产生，所以有机物也只能从这些生命体中获得，这一观点在当时的化学界得到普遍认同，从而把有机界与无机界根本对立起来。直到1828年，德国化学家弗里德里希·维勒经过反复实验，首次使用无机物氰酸铵与硫酸铵人工合成了尿素之后，才最终打破了这种对立，并由此“证明了适用于无机物的化学定律对

① 恩格斯：《自然辩证法》，人民出版社2018年版，第17页。

有机物是同样适用的，而且把康德还认为是无机界和有机界之间的永远不可逾越的鸿沟大部分填平了”[1]。

地质学领域的发展。从1830年1月到1833年5月，被誉为“现代地质学之父”的查尔斯·赖尔先后发表了《地质学原理》的初版3卷本，在书中他通过运用“将今论古”的方法提出了著名的地质“渐变论”。在赖尔看来，地球包括地球上的一切事物的变化都是“古今一致”的，无论是过去还是现在都要遵守相同的自然法则，即在自然力作用下长期地、缓慢地演变的结果，因此，要了解地球的过去则必须从现在着眼。需要指出的是，赖尔的观点是在英国地质学家杰姆斯·赫顿的思想启发下提出的，而赫顿的主要主张便是从古至今地球的变化都要遵守相同的自然法则，他指出，在地球的一切变化过程中，自然法则是始终一致的，它的各种规律是唯一有制约一般运动能力的东西。

在赖尔的地质“渐变论”提出之前，关于地球的起源和变化的认知更多基于神创论和“灾变论”的解释，其中法国古生物学者乔治·居维叶所提出的“灾变论”在当时是非常流行的观点。“灾变论”与“渐进论”是截然对立的两种地质学观点，在居维叶看来，地球的多数变化都是突然发生的，而不是演进的结果，正是诸如洪水泛滥、火山喷发这些急剧的灾害性变化造成了地球上物种的消亡，而后又由上帝创造出了新的物种。地质“渐变论”的提出则对“灾变论”进行了有力的回击，为现代地质学的发展奠定了科学基础。恩格斯在《自然辩证法》一

---

① 恩格斯：《自然辩证法》，人民出版社2018年版，第17页。

书中对赖尔的地质“渐变论”给予了高度评价，认为这是打破自然是恒久不变的保守自然观的“第二个突破口”，并指出：“最初把知性带进地质学的是赖尔，因为他以地球的缓慢变化所产生的渐进作用，取代了由于造物主一时兴起而引起的突然变革。”①

生物学领域的发展。细胞学说的提出。细胞学说是由德国植物学家施莱登和动物学家施旺在前人研究的基础上共同提出的。1838年，施莱登在其发表的《关于论植物起源的资料》一文中首先提出了植物细胞学说，他指出一切植物及每个植物的各部分都是由细胞发育而来，并由细胞所组成，细胞是组成一切植物的最基本单元。受到施莱登的影响和启发，施旺在1839年发表的《关于动植物的结构和生长的一致性的显微研究》一文中把施莱登的细胞学说扩展到动物研究领域，提出了动物细胞学说，他认为动物和植物一样都是由细胞构成的，细胞同样也是组成动物的基本单位。由此，细胞学说便完整地建立起来了。细胞学说的提出，揭示了植物与动物的内在结构统一性，阐明了生物多样性背后的统一本质和内在联系，为生物学的进一步发展以及辩证唯物主义自然观的确立奠定了基础。恩格斯评价道：“施旺和施莱登发现有机细胞，发现它是这样一种单位：一切机体，除最低级的以外，都是从这种细胞的繁殖和分化中产生和成长起来的。有了这个发现，有机的、有生命的自然产物的研究——不仅是比较解剖学和比较生理学，还有胚胎学——才获得了巩固的基础。机体

① 恩格斯：《自然辩证法》，人民出版社2018年版，第16页。

的产生、成长和构造的秘密被揭开了；从前不可理解的奇迹，现在已被归结为某种遵循一切多细胞的机体本质上共有的同一规律所发生的过程。”①

生物学领域的另一重大进展就是生物进化论的提出。1859年，达尔文在《物种起源》一书中提出了“生物进化论”，这一观点的提出在科学界和宗教界引起了巨大的轰动，因为一直以来对于物种起源的认知要不是倾向于旧自然观的“物种不变论”，即认为万物是恒定不变的，要不是局限于宗教领域的“神创论”，即认为上帝创造了万事万物，而“生物进化论”的提出则有力回击了这些错误认知，鲜明地指出任何物种都是在长期的自然选择过程中演化而成的，遵循着从简单到复杂、从低级到高级的进化规律。“生物进化论”提出之后遭到了宗教界的强烈反对，生物进化论的支持者和宗教界更是围绕“物种是神创的还是进化的”这一问题展开了多次激烈的论战，其中最著名的便是在1860年进行的“牛津大论战”，在这场辩论中，进化论的支持者赫胥黎通过大量事实和科学依据对牛津主教威尔伯福关于进化论的批判进行了有力反击。之后，经过长期曲折的斗争，进化论取得了最终的胜利，将上帝从生物学领域清除出去，从而使得生物学第一次真正建立在了科学的基础之上。马克思指出，“达尔文的著作非常有意义，这本书我可以用来当做历史上的阶级斗争的自然科学根据”，“在这里不仅第一次给了自然科学中的‘目的论’以致命的打击，而且也根据经验阐明了它的合理的意义”。②恩格斯也认为：

---

① 恩格斯：《自然辩证法》，人民出版社2018年版，第65页。

②《马克思恩格斯文集》第10卷，人民出版社2009年版，第179页。

“值得注意的是：几乎在康德攻击太阳系的永恒性的同时，即在1759年，卡·弗·沃尔弗对物种不变进行了第一次攻击，并且宣布了种源说。但是这在他那里不过是天才的预见，到了奥肯、拉马克、贝尔那里才具有了确定的形式，而在整整100年以后，即1859年，才由达尔文胜利地完成了。”①

二、欧洲无产阶级革命进入一个新的时期

1871年3月28日，是世界无产阶级革命史上一个非常重要的日子，世界上第一个无产阶级专政的政权——巴黎公社正式成立。巴黎公社的成立对于当时的欧洲乃至世界无产阶级革命和工人运动来讲，意义重大。它是无产阶级与资产阶级斗争中，无产阶级第一次正式取得政权，是马克思主义共产主义理论的第一次实践，标志着欧洲无产阶级革命进入到了一个新的历史时期，马克思甚至将其称为“具有世界历史意义的新起点”。1871年4月17日，马克思在写给路德维希·库格曼的信中这样评价巴黎公社：“工人阶级反对资本家阶级及其国家的斗争，由于巴黎的斗争而进入了一个新阶段。不管这件事情的直接结果怎样，具有世界历史意义的新起点毕竟是已经取得了。”②但是由于自身力量的弱小，又缺乏先进政党的领导，在敌人的疯狂镇压下，巴黎公社革命运动最终失败了。作为无产阶级以暴力革命方式反对资产阶级统治、建立无产阶级政权的第一次伟大尝试，巴黎公社的进步意义是毋庸置疑的。但是由于当时资本主义在全世界范围内尚处于上升和

① 恩格斯：《自然辩证法》，人民出版社2018年版，第18页。

②《马克思恩格斯文集》第10卷，人民出版社2009年版，第354页。

发展时期，社会主要矛盾还是资本主义与封建主义、资产阶级与封建地主阶级的矛盾，资本主义制度尚未完全建立，资本主义生产关系对于生产力发展还处于促进阶段，因而此时无产阶级革命运动并不具备成熟条件，也就无法推翻资本主义统治、实现科学社会主义。

知识链接

★ 巴黎公社起义 ★

巴黎公社起义是指1871年3月18日凌晨，巴黎的国防政府（梯也尔政府）为巩固自己的政权，想通过偷袭夺取在普法战争期间组成的国民自卫军的大炮，这一行动惊醒并激怒了广大人民，他们和国民自卫军一起进行武装斗争，推翻了梯也尔政府，并于3月28日通过普选建立了巴黎公社。但是由于梯也尔政府逃到凡尔赛后精心组织军队于4月2日清晨开始对巴黎公社进行攻击，5月28日，公社战士坚守的最后一个街垒被攻克，巴黎公社人民的起义活动被凡尔赛军血腥镇压下去了。巴黎公社起义，是巴黎无产阶级在广大人民群众的支持下，为推翻资产阶级的反动统治，建立无产阶级国家政权而进行的一次武装斗争。武装起义虽然仅进行了72天，但它却以无产阶级推翻资本主义制度具有世界意义的第一次演习，载入了无产阶级革命的光辉史册。

巴黎公社运动失败后，欧洲的整个工人运动暂时陷入了低潮，要使广大无产阶级坚定理想信念继续革命，必须有经过充分论证且科学完备的理论来指导革命运动。此前，马克思和恩格斯为了指导工人运动创立了马克思主义，但还没来得及展开充分而详细的论证。同时，巴黎公社失败后，一些资产阶级的理论家便开始宣称马克思主义的哲学被驳倒了，科学社会主义学说也破产了，同时，一些错误的理论和主张也开始在工人运动中渗透蔓延，对各国工人运动产生了极其消极的影响。当时在理论上攻击和污蔑马克思主义的主要有以下几种观点：

拉萨尔主义。拉萨尔是德国早期工人运动的主要领导者，在其《给筹备莱比锡全德工人代表大会的中央委员会的公开答复》等著作中，拉萨尔鼓吹"超阶级的国家"，以反对无产阶级专政；提出"铁的工资规律"，以掩盖资产阶级对无产阶级的剥削，主张无产阶级应放弃暴力革命和经济斗争，而通过所谓和平的、合法的方式来争取普选权，从而争取自身的权益。拉萨尔的观点本质上就是违背科学社会主义根本原则的"庸俗社会主义"，是一种为达到个人野心而甘愿向落后的普鲁士王朝妥协的政治机会主义。为了阻止拉萨尔等人对无产阶级的蛊惑，马克思和恩格斯与拉萨尔主义进行了长达数十年的斗争，甚至在马克思去世后，恩格斯依然坚持对拉萨尔和拉萨尔主义进行清算，他在1891年写给卡尔·考茨基的信中指出，"在拉萨尔的鼓动著作中，从马克思那里抄来的正确的东西同他自己的通常是错误的论述混在一起，二者几乎不可能区分开来"①，"我的责任就是最终揭示马克思和拉萨尔之间的关系。这已经做了，我暂时可以因此而感到满足。况且我自己现在还有别的事情要做。而已经发表的马克思对拉萨尔的无

①《马克思恩格斯选集》第4卷，人民出版社2012年版，第616页。

情批判，本身就会产生应有的影响并给别人以勇气。但是，假如情况迫使我非讲话不可，我就没有选择的余地：我只有一劳永逸地肃清有关拉萨尔的神话了”[①]。

巴枯宁主义。米哈伊尔·巴枯宁是巴枯宁无政府主义的创立者。巴枯宁无政府主义主张无产阶级应当放弃政治斗争和无产阶级专政，因为在他们看来，一切政治运动都是“反动的”，一切专政都是“绝对坏的”。巴枯宁主义者不仅反对马克思主义，更破坏国际工人运动，企图篡夺工人领导权。针对巴枯宁主义者愈演愈烈的破坏和分裂活动，马克思和恩格斯在1871年9月召开的国际伦敦秘密会议上，给予了巴枯宁主义者迎头痛击。恩格斯首先对巴枯宁主义所宣扬的无产阶级应放弃政治和政治运动等观点进行了批判：“工人的党作为政党已经在大多数国家存在着。鼓吹放弃政治去破坏它的不应该是我们。现实生活的经验，现存政府不管是为了政治的目的或社会的目的对工人施加的政治压迫，无论工人愿意与否，都迫使他们从事政治。向工人鼓吹放弃政治，就等于把他们推入资产阶级政治的怀抱。特别是在巴黎公社已经把无产阶级的政治行动提到日程上来以后，放弃政治是根本不可能的。”[②]恩格斯又进一步指出，只有无产阶级的政治统治、无产阶级专政才是我们实现“消灭阶级”这一目的的根本手段和方式，“没有政治行动，工人总是在战斗后的第二天就会受到法夫尔和皮阿之流的愚弄。应当从事的政治是工人的政治；工人的政党不应当成为某一个资产阶级政党的尾巴，而应当成为一个

①《马克思恩格斯选集》第4卷，人民出版社2012年版，第616—617页。

②《马克思恩格斯选集》第3卷，人民出版社2012年版，第169页。

独立的政党，它有自己的目的和自己的政治”[1]。

之后，在马克思、恩格斯合写的《所谓国际内部的分裂》的通告中，更是指明了巴枯宁无政府主义的实质和根本目的：“无政府状态——这就是他们的只从各种社会主义体系中剽窃了一些标签的导师巴枯宁的战马。所有社会主义者都把无政府状态理解为：在无产阶级运动的目的——消灭阶级——达到以后，为了保持为数极少的剥削者对由生产者组成的社会绝大多数的压迫而存在的国家政权就会消失，而政府职能就会变成简单的管理职能。同盟则本末倒置，它宣布在无产阶级队伍中实行无政府状态，是摧毁集中在剥削者手中的强大的社会力量和政治力量的最可靠的手段。它以此为借口，竟要求国际在旧世界正力图置国际于死地的时候，用无政府状态来代替自己的组织。”[2]

革命的实践只有在科学的革命的理论指引下才能取得成功。恩格斯写作《自然辩证法》既是出于捍卫和完善马克思主义理论的需要，更是为了引导无产阶级革命事业走向胜利的需要，而这两者又是相辅相成的。19世纪70年代，资本主义在欧洲大陆已经取得了重大发展，但无产阶级与资产阶级的矛盾也日益尖锐，巴黎公社起义失败的经验表明，无产阶级要在与资产阶级的斗争中取得最终胜利，必须要有自己的政党，必须要以马克思主义这一科学的革命的理论为指导，进行彻底的革命，才能取得最终的胜利。

①《马克思恩格斯选集》第3卷，人民出版社2012年版，第169—170页。

②《马克思恩格斯全集》第18卷，人民出版社1964年版，第53页。

三、唯心主义和形而上学的浊流泛滥

在18世纪的欧洲，一种以招魂术、降神术等为主要形式的神秘主义开始流行。这种神秘主义是唯心主义的，它反对唯物论，认为意识是第一性的，物质是由意识所决定的，只是意识的附属物而已；这种神秘主义也是宗教主义的，它主张万物皆有灵，认为世界上的一切事物都是有灵魂的，整个地球更是有一个统一的至高无上的“灵魂”，即上帝。包括降神术在内的神秘主义在19世纪下半叶开始逐渐被一些著名的自然科学家所接受，比如英国化学家克鲁克斯、生物学家华莱士便是其中最具代表性的人物。由于盲目崇拜经验，而忽视理论思维的作用，这些自然科学家便很轻易地滑进了神秘主义的浊流，并给这些神秘主义披上了“科学的外衣”，以此为上帝存在提供“科学”的论据。恩格斯曾这样评价神秘主义：“蔑视辩证法是不能不受惩罚的。对一切理论思维尽可以表示那么多的轻视，可是没有理论思维，的确无法使自然界中的两件事实联系起来，或者洞察二者之间的既有的联系。在这里，问题只在于思维正确或不正确，而轻视理论显然是自然主义地进行思维，因而是错误地进行思维的最可靠的道路。但是，根据一个自古就为人们所熟知的辩证法规律，错误的思维贯彻到底，必然走向原出发点的反面。所以，经验主义者蔑视辩证法便受到惩罚：连某些最清醒的经验主义者也陷入最荒唐的迷信中，陷入现代唯灵论中去了。”[①]

① 恩格斯：《自然辩证法》，人民出版社2018年版，第59页。

同时，在当时的德国，以医学家毕希纳和博物学家福格特为代表的庸俗唯物主义也颇为流行。庸俗唯物主义是指在19世纪中叶产生、流行于德国，将唯物主义简单化、粗俗化的一种资产阶级哲学思潮。庸俗唯物主义主张无神论，承认物质相对于意识的在先性，认为物质是唯一的客观实在，但是它却割裂了意识和物质之间的本质区别，混淆了两者的界限，将意识看作“非实体性”的物质，是“实体性”物质的产物而已。他们基于自身的研究领域，认为意识不过是大脑的分泌物，而“人脑产生意识就如同肝脏分泌胆汁一样”。恩格斯认为这种唯物主义就是“庸俗的巡回传教士的唯物主义”。另外在社会政治方面，庸俗唯物主义者还主张用达尔文的进化论来分析和解释社会现象和发展规律，认为达尔文的自然选择和生存斗争理论对于解释社会现象和人与人之间的关系也是普遍适用的，因此，在人类社会中，生存斗争、弱肉强食是其自然状态，只有强者和适者才能生存，弱者则必然被社会所淘汰。这种观点显然是错误地将自然界的规律强加于人类社会之上，忽视了自然界和人类社会的本质区别。

综上，我们可以看到，当时的一些自然科学家在资产阶级错误理论的影响下，由于缺乏辩证的唯物主义立场，或受形而上学的束缚，或陷入唯心主义的泥潭，这显然对自然科学的研究和发展是极其不利的；为了把自然科学从唯心主义和形而上学的束缚中解脱出来，从而引导自然科学健康发展，就必须创立辩证唯物主义的自然观和科学观。

延伸阅读

（1）恩格斯：《路德维希·费尔巴哈和德国古典哲学的终结》，《马克思恩格斯选集》第4卷，人民出版社2012年版。

（2）恩格斯：《自然辩证法》，人民出版社2018年版。

（3）恩格斯：《关于工人阶级的政治行动》，《马克思恩格斯选集》第3卷，人民出版社2012年版。

深度思考

（1）19世纪自然科学的发展对自然观的发展提出了什么新要求？

（2）为什么说革命的实践只有在科学的革命的理论指引下才能取得成功？

（3）19世纪的一些自然科学家为何会陷入唯心主义和形而上学的泥潭？

第 二 章

内容介绍

《自然辩证法》是恩格斯的一部未完成的著作，这部著作的写作时间主要集中于1875年5月到1883年3月，其间从1876年5月到1878年6月中断了大概两年的时间，这两年恩格斯的主要工作是为全面清算德国资产阶级学者杜林，完成《反杜林论》的写作。1883年3月马克思逝世后，整理《资本论》遗稿成了恩格斯"更紧迫的责任"，于是《自然辩证法》的写作再次中断，直到1895年8月恩格斯逝世。不过在逝世前，恩格斯对已经完成的全部手稿（包括10篇论文，170多段札记片段和2个计划草案）进行了一次全面的梳理，并分为四束，每束都冠以标题，第二和第三束还写了目录。这对于我们研究和梳理这本书的内容具有重要参考价值。在书稿中，恩格斯在考察了自然科学发展历史的基础上，深入阐述了自然科学和哲学的关系、自然界的辩证法和认识自然的辩证法、数学和各门自然科学中的辩证法、自然界和人类社会等基本内容。

一、自然科学与辩证法

恩格斯在《导言》《〈反杜林论〉旧序·论辩证法》《神灵世界中的自然科学》等篇目和相关札记中对自然科学和辩证法之间的关系进行了深入阐述。在恩格斯看来，自然科学和辩证法是相辅相成的，自然科学的发展是辩证法产生和发展的重要基础，而辩证法对自然科学的发展也有着重要指导作用。

（一）自然科学的发展与自然观的演进

这部分内容是《自然辩证法》的整个论证基础，在这部分内容中恩格斯主要论述了近代以来自然科学的发展历程，并在此基础上揭示了辩证唯物主义自然观代替形而上学自然观的历史必然性。

在恩格斯看来，自然科学研究的发展离不开社会的变革和发展，而欧洲近代自然科学的发展则在于它已经开始从神学的束缚中解放出来。欧洲近代以来的自然科学研究，是“唯一得到科学的、系统的、全面的发展的自然研究”[①]。自然科学研究之所以得以快速发展，源于欧洲社会经历了一系列的伟大变革，并由此进入了一个伟大的时代。恩格斯在文中从阶级斗争、文化艺术的复兴、宗教改革等方面论述了这一伟大时代的巨大变革，并指出：“这是地球从来没有经历过的一场最伟大的革命。”[②]而在这些普遍的革命中，自然科学研究也进行了彻底的革命，革命的标志便是哥白尼《天体运行论》的出版，这本书的出版意味着自然科学研究开始从神学和宗教的束缚中解放出来、独立出来。恩格斯认为，正是这一革命性的变革，使得近代自然科学能够快速发展起来。

恩格斯认为，近代自然科学在发展初期，主要的工作便是掌握现有的材料，即所谓“经验自然科学”阶段。在这一阶段的自然科学诸多研究领域中，“关于地球上的物体和天体”的力学研究是最为完善的，但是诸如物理学、化学、地质学等的研究还亟待发展。这一时期自然科学研究最常用的方法便是对事物作分门别类研究的方法，即把整体分解成部分、观察其局部细节的研究方法。随着这一研究方法的兴盛，越来越多的人形成了一种哲学思维方式或自然观，即习惯于把复杂的事物还原成细微的部分来观察，切断其周围的联系来观察，习

---

① 恩格斯：《自然辩证法》，人民出版社 2018 年版，第 8 页。

② 恩格斯：《自然辩证法》，人民出版社 2018 年版，第 5 页。

惯于把一个复杂的运动切成若干个静止的片段来观察，这就是形而上学的思维方式。诚然，这种形而上学的思维方式在近代科学发展早期确实为我们带来了许多重要的科学发现，甚至在一定意义上促使了近代科学的产生，但是，随着近代自然科学的不断发展，这种自然观的弊端也越发凸显出来。对于这种形而上学自然观，恩格斯是这样描述的："这个时期的突出特征是形成了一种独特的总观点，其核心就是自然界绝对不变的看法。不管自然界本身是怎样产生的，只要它一旦存在，那么它在存在的时候就总是这个样子。""与在时间上发展着的人类历史不同，自然界的历史被认为只是在空间中扩张着。自然界中的任何变化、任何发展都被否定了。"[①] 显然，对于这种形而上学的自然观，恩格斯是持批判态度的。他进一步指出："18 世纪上半叶的自然科学在知识上，甚至在材料的整理上大大超过了希腊古代，但是在以观念形式把握这些材料上，在一般的自然观上却大大低于希腊古代。"[②]因为和这种僵化的自然观比起来，古希腊的哲学家们首先认为自然界是生成的并不断发展变化的，而非恒定不变的，另外古希腊的自然哲学更多会从自然界本身出发而不是从某种神秘的"第一推动"来探寻自然界的运动变化和"自然现象的无限多样性的统一"。

恩格斯接着指出，这种僵化的自然观伴随着自然科学发展逐渐被打破了，18 世纪末至 19 世纪中期自然科学领域的一系列重大发现和突破，不断证明着这种僵化的自然观必然会

① 恩格斯：《自然辩证法》，人民出版社 2018 年版，第 12 页。

② 恩格斯：《自然辩证法》，人民出版社 2018 年版，第 13 页。

被辩证唯物主义自然观所取代。而打开第一个突破口的就是康德的《自然通史和天体论》的出版，它的意义在于"关于第一推动的问题被排除了；地球和整个太阳系表现为某种在时间的进程中生成的东西"①；第二个突破口则是地质学领域"渐变论"的提出，揭示出了"不仅整个地球，而且地球现今的表面以及在这一表面上生存的植物和动物，也都有时间上的历史"②；第三个突破口是物理学的长足发展和取得的各种成果，证明了"运动着的物质的永恒循环是最终的结论"③；第四个突破口是化学领域人工合成有机化合物的突破，证明了"适用于无机物的化学定律对有机物是同样适用的"④，打破了无机界和有机界的截然对立；第五个突破口是生物学领域细胞学说和进化论的提出，它的重要意义在于"不仅无机界和有机界之间的鸿沟缩减到最小限度，而且机体种源说过去遇到的一个最根本的困难也被排除了"⑤。而正是在这些重大突破基础上，恩格斯认为，"新的自然观就其基本点来说已经完备：一切僵硬的东西溶解了，一切固定的东西消散了，一切被当做永恒存在的特殊的东西变成了转瞬即逝的东西，整个自然界被证明是在永恒的流动和循环中运动着"⑥。

通过对欧洲近代以来自然科学发展历程的梳理，恩格斯向人们论证了辩证唯物主义自然观取代形而上学自然观的历史必然性，并且在恩格斯看来，从古代朴素唯物主义的自然观

① 恩格斯：《自然辩证法》，人民出版社2018年版，第14页。
② 恩格斯：《自然辩证法》，人民出版社2018年版，第15页。
③④ 恩格斯：《自然辩证法》，人民出版社2018年版，第17页。
⑤⑥ 恩格斯：《自然辩证法》，人民出版社2018年版，第18页。

到近代形而上学自然观再到辩证唯物主义自然观的过程就是一个“否定之否定”的发展过程，“新时代是以返回到希腊人而开始的。——否定的否定！”[①]。也就是说，这种新的自然观（辩证唯物主义自然观）与古希腊朴素唯物主义自然观在观点上是一致的，即整个自然界都是不断发展变化的，但它们也有着本质的不同，这一观点的获得在古希腊源于哲学家们“天才的直觉”，在现在则是基于科学实验和实证研究的结果。

（二）辩证法对自然科学的重大作用

1. 自然科学的发展需要理论思维

在《〈反杜林论〉旧序。论辩证法》这篇文章中恩格斯指出，随着经验的自然研究的不断发展，产生了一种迫切的理论概括的需要，这一需要就是既要对每一个自然研究领域中所积累的大量实证材料进行系统的整理和概括，也要为每个部门之间确立好正确的关系。这就意味着“自然科学便进入理论领域，而在这里经验的方法不中用了，在这里只有理论思维才管用”[②]，因为“一个民族要想站在科学的最高峰，就一刻也不能没有理论思维”[③]。

恩格斯进一步明确指出，理论思维是历史的产物，在不同的历史阶段会有不同的表现形式，对于当前的自然科学研究来说，最重要、最管用的理论思维形式便是辩证法，因为“只有辩证法才为自然界中出现的发展过程，为各种普遍的联系，为一个研究领域向另一个研究领域过渡提供类比，从而提供说

① 恩格斯：《自然辩证法》，人民出版社2018年版，第37页。
② 恩格斯：《自然辩证法》，人民出版社2018年版，第42页。
③ 恩格斯：《自然辩证法》，人民出版社2018年版，第43页。

明方法”[①]。但是现实的状况是，德国的理论思维领域是混乱无章的，甚至是倒退的。这种倒退表现在辩证法同黑格尔派被抛在了一边，旧的形而上学却沉渣泛起，流行的理论不是叔本华等人“迎合庸人的浅薄思想”，就是毕希纳之流的“庸俗的巡回传教士的唯物主义”，唯一传承着德国古典哲学传统的新康德主义也只是把康德的不可知论保存下来。在恩格斯看来，这些理论思维都无法为自然科学研究提供实质性的帮助，要解决当前自然科学研究所面临的理论困境，唯一的选择便是从形而上学思维回归到辩证思维。

2. 从形而上学思维向辩证思维复归

恩格斯清晰地看到，自然科学研究要解决自身所面临的理论困难，实现进一步的发展，必须要从形而上学的窠巢回归于辩证法。那么，如何才能实现这种复归呢？恩格斯指出，辩证法的复归可以通过两种道路来实现，首先是自发的道路，也就是通过“自然科学的发现本身所具有的力量自然而然地实现”，因为随着自然科学研究的不断推进，自然界的辩证内容会越来越多地被揭示出来，但是在这个过程中要克服的阻碍很多，复归的过程会长期而又艰难；另外一种道路则是自觉的道路，也就是理论自然科学家主动进行辩证哲学的研究，在批判地学习和继承前人思想的基础上，真正掌握辩证法。相较于前一种道路，这种道路则会大大缩短复归的时间。然而，辩证哲学在历史上的形态是繁杂多样的，具体应当研究哪些形态呢？恩格斯在文中也给出了答案：在这些形态中，有两种是

① 恩格斯：《自然辩证法》，人民出版社2018年版，第42页。

对现代的自然科学最有益的，即希腊哲学和从康德到黑格尔的德国古典哲学。

第一种是希腊哲学。所谓希腊哲学，主要指的是古希腊的自然哲学。恩格斯认为，之所以要深入研究希腊哲学，主要基于以下两个原因：其一，古希腊哲学蕴含着原始朴素的辩证法，它能从整体层面来把握自然界，洞察到自然界是普遍联系、相互作用的，但是这种认知的获得也是有缺陷的，因为它不是基于具体的科学研究而是基于直接观察的结果。然而，恩格斯也指出，这也正是希腊哲学比17—18世纪的形而上学“更高明之处”，使得自身没有“受到令人迷醉的障碍的干扰”，从而还能保持自身的辩证本性，获得对自然界总体认知的正确性。其二，当前理论自然科学中的很多原理和观点都可以在古希腊哲学那里找到根源和萌芽，所以“理论自然科学要想追溯它的今天的各种一般原理的形成史和发展史，也不得不回到希腊人那里去”[①]。

第二种是从康德到黑格尔的德国古典哲学。德国古典哲学是辩证哲学自古希腊以来到马克思主义产生以前这段时期的发展顶峰，可以说，辩证法在德国古典哲学中得到了最详尽而全面的探究。在这种辩证哲学形态中，最主要的是康德和黑格尔的辩证哲学思想，尤其是黑格尔的辩证哲学思想。恩格斯指出：“自从黑格尔著作中已提出一个虽然是从完全错误的出发点阐发的、却无所不包的辩证法纲要以后，要向康德学习辩证法，就是一件费力不讨好的和收效甚微的事情。”[②]而要

① 恩格斯：《自然辩证法》，人民出版社2018年版，第45页。
② 恩格斯：《自然辩证法》，人民出版社2018年版，第46页。

学习黑格尔的辩证哲学思想，首先必须摒弃他“唯心主义的出发点和不顾事实而任意编造体系”，其次就是要把他“倒立着的”辩证法倒置过来，褪去其神秘主义的外衣，只有这样才能真正把握黑格尔的辩证法的合理内核。在恩格斯看来，辩证法在黑格尔手中被神秘化了，“因为各种范畴在他那里表现为预先存在的东西，而现实世界的辩证法表现为这些范畴的单纯的反照。实际上恰恰相反：头脑中的辩证法只是现实世界即自然界和历史的各种运动形式的反映”[1]。但这也绝没有妨碍黑格尔第一个全面地、有意识地叙述了辩证法的一般运动形式。

知识链接

★ 小知识：德国古典哲学 ★

德国古典哲学是18世纪末至19世纪上半叶的德国资产阶级哲学，创始人为康德，黑格尔为集大成者，费尔巴哈为最后的代表。它提出了包括认识论、本体论、伦理学、美学、法哲学、历史哲学以及政治哲学等领域的各种重大问题和范畴，标志着近代西方哲学向现代西方哲学的过渡。德国古典哲学的主要成就是黑格尔辩证法的“合理内核”与费尔巴哈唯物主义的“基本内核”。德国古典哲学是马克思主义的三个来源之一。

3. 蔑视辩证法必然会受到惩罚

在《神灵世界中的自然研究》一文中，恩格斯通过对当时

① 恩格斯：《自然辩证法》，人民出版社2018年版，第61页。

著名的自然科学家阿尔弗雷德·拉塞尔·华莱士、威廉·克鲁克斯、约翰·卡尔·弗里德里希·策尔纳等人的批判，揭示了催眠颅相术、降神术和第四维空间的神灵世界的伪科学性，指出了这些自然科学家走向神秘主义歧途的根源，正是崇尚经验主义而对辩证法蔑视和无知，从而从反面论证了辩证法对于自然科学的重要作用。

华莱士是19世纪英国著名的博物学家、生物地理学家，开创了生物地理学研究，被誉为“现代生物地理学之父”，几乎与达尔文同时提出了自然选择学说，信奉催眠颅相术和降神术。在19世纪的欧洲各国，披着科学外衣的催眠颅相术颇为流行，很多民众甚至不少科学家都为之疯狂，华莱士便是其中之一。在恩格斯看来，所谓的催眠颅相术不过是江湖骗术而已，我们只要稍作怀疑，进行实践验证，便能发现这些“江湖骗术的老底”，但是为什么一个著名的自然科学家会深陷其中呢？恩格斯分析道：“而华莱士先生的热心（ardour）却使他一再地欺骗自己，靠了这种自我欺骗去在各种细节上证实加尔颅骨图，确认催眠者和被催眠者之间的神秘的感应关系。”[①]也正是在这种心态下，“华莱士先生终于相信了催眠颅相学的奇迹，这时他已经有一只脚踏进神灵世界中去了”[②]。之后，华莱士又加入了一些“神媒”团体，很快又相信了降神术的奇迹，对此，恩格斯感叹道：“华莱士先生对于这些奇迹在科学上的确证是处理得何等轻率。”[③]接着，恩格斯又通过主神媒古皮太太的例子证明了这不过是“骗人的勾当”而已。

---

① 恩格斯：《自然辩证法》，人民出版社2018年版，第51页。

②③ 恩格斯：《自然辩证法》，人民出版社2018年版，第52页。

克鲁克斯是19世纪英国著名的物理学家、化学家，化学元素铊的发现者和辐射计的发明者，被誉为真空放电研究的先驱者。克鲁克斯从1871年开始研究降神术，并“应用了许多物理学仪器和力学仪器”[①]来为唯灵论者的表演作科学上的确证。但是，在恩格斯看来，这些所谓“‘完全被证实了的现象’，甚至在唯灵论者看来也不是随随便便就可以相信的”[②]。而克鲁克斯为什么会误入歧途，对这些骗术坚信不疑呢？恩格斯认为，他在研究中忘带了一种最主要的仪器，即“一颗抱怀疑态度的有批判力的头脑”，这恐怕是当时那些误入歧途的自然科学家们的共同问题所在。

策尔纳是19世纪德国著名的天体物理学家，莱比锡教授，光度计的发明者。策尔纳长年致力于空间第四维的研究，并提出了“第四维空间理论”，但其研究的目的主要是为一些超自然现象提供解释，策尔纳通过实验宣称在第四维空间一切奇迹都有可能发生，这些奇迹证明了神灵世界的存在。恩格斯指出：“根据神灵世界最近传来的捷报，策尔纳教授先生曾请求一个或几个神媒帮助他确定第四维空间中的各种细节。结果据说是惊人的。”“一句话，神灵是可以极其容易地完成第四维空间的一切奇迹的。”“神灵证明第四维空间的存在，而第四维空间则为神灵的存在作担保。”[③]

批判了华莱士等人之后，恩格斯指出了从自然科学走向神秘主义的根本缘由，就是经验主义，就是“蔑视一切理论、怀

① 恩格斯：《自然辩证法》，人民出版社2018年版，第54页。

② 恩格斯：《自然辩证法》，人民出版社2018年版，第56页。

③ 恩格斯：《自然辩证法》，人民出版社2018年版，第57页。

疑一切思维的最肤浅的经验”。从实质上讲，“证明神灵存在的并不是那种先验的必然性，而是华莱士先生、克鲁克斯先生之流的经验的观察”[①]。恩格斯认为，经验主义者误入歧途就是因为蔑视辩证法而受到的惩罚，“实际上，蔑视辩证法是不能不受惩罚的。对一切理论思维尽可以表示那么多的轻视，可是没有理论思维，的确无法使自然界中的两件事实联系起来，或者洞察二者之间的既有的联系”，“所以，经验主义者蔑视辩证法便受到惩罚：连某些最清醒的经验主义者也陷入最荒唐的迷信中，陷入现代唯灵论中去了”。[②]

基于以上分析，恩格斯最后指出，要批判唯灵论者是不能仅凭经验的，必须要借助于理论思考才能避免陷入神秘主义的泥潭，“事实上，单凭经验是对付不了唯灵论者的”[③]，“经验要摆脱降神者的纠缠，就不得不借助于理论的思考，而不再靠经验性的实验”[④]。

4. 自然科学家要受哲学的支配

在《哲学和自然科学》中，恩格斯通过批判毕希纳之流的庸俗唯物主义、海克尔的机械论、阿尔克斯的神秘主义等错误理论，论证了哲学与自然科学的关系，指出了自然科学家必然要受哲学的支配，而他们只有自觉地接受辩证法的支配，不再成为“最蹩脚的哲学的奴隶”，才能真正摆脱形而上学等“哲学残渣”的支配和纠缠，从而走上正确的道路。

在马克思主义者看来，哲学与自然科学之间既有联系也

---

① 恩格斯：《自然辩证法》，人民出版社2018年版，第58页。

②③ 恩格斯：《自然辩证法》，人民出版社2018年版，第59页。

④ 恩格斯：《自然辩证法》，人民出版社2018年版，第60页。

有区别：区别是哲学是以整个世界为研究对象的，包括自然领域、思维领域、社会领域等，探求的是普遍规律，而具体科学研究的是某个具体的部门或领域，探究的是个别规律、特殊规律；联系是具体科学是哲学的科学基础，哲学则为具体科学提供方法论的指引。但是在当时的欧洲，一些自然科学家割裂了两者之间的联系，认为哲学束缚了自然科学的发展，主张取消哲学，甚至蔑视和辱骂哲学。结果恰恰相反，他们不仅没摆脱哲学的支配，反而成了“最蹩脚哲学的奴隶”。对此，恩格斯评价道：“自然科学家相信，他们只要不理睬哲学或辱骂哲学，就能从哲学中解放出来。但是，因为他们离开思维便不能前进，而且要思维就得有思维规定，而这些范畴是他们从所谓有教养者的那种受早已过时的哲学残渣支配的一般意识中盲目地取来的”[①]，“正因为这样，他们同样做了哲学的奴隶，而且遗憾的是大多做了最蹩脚的哲学的奴隶，而那些对哲学家辱骂得最厉害的人恰好成了最蹩脚的哲学家的最蹩脚的庸俗残渣的奴隶”[②]。也就是说，无论自然科学家主观上愿不愿意，他们都必然会受到哲学的支配。

那么，既然自然科学家不得不接受哲学的支配，如何才能摆脱错误哲学或者说“最蹩脚的哲学”的支配呢？答案是自然科学家自觉地接受辩证法，成为理性的主人。正如恩格斯所指出的，“只有当自然科学和历史科学本身接受了辩证法的时候，一切哲学的废物——除了纯粹的关于思维的理论

① 恩格斯：《自然辩证法》，人民出版社2018年版，第68页

② 恩格斯：《自然辩证法》，人民出版社2018年版，第69页。

以外——才会成为多余的东西，在实证科学中消失掉”①。

二、客观辩证法与主观辩证法

《自然辩证法》的重要贡献之一是揭示了自然界的辩证性质，让唯物主义的辩证法在自然领域里发出异彩，使辩证法成为包含自然界在内的关于联系与发展普遍规律的科学。在恩格斯看来，辩证法包含了客观辩证法和主观辩证法两个部分，“所谓的客观辩证法是在整个自然界中起支配作用的，而所谓的主观辩证法，即辩证的思维，不过是在自然界中到处发生作用的、对立中的运动的反映，这些对立通过自身的不断的斗争和最终的互相转化或向更高形式的转化，来制约自然界的生活”②。

（一）辩证法的本质及其基本规律

辩证法作为科学的方法论与形而上学是根本对立的，两者有着本质区别。恩格斯在《自然辩证法》一文中开宗明义地指出：辩证法是同形而上学相对立的关于普遍联系的科学。辩证法之所以是科学的，是因为辩证法的规律是从自然和社会历史中抽象出来的、推导出来的，辩证法的规律从根本上讲就是关于自然界、人类社会以及思维本身最一般的规律。

恩格斯进一步指出，辩证法的规律可以概括为三个方面，即量转化为质和质转化为量的规律、对立的相互渗透的规律和否定之否定的规律。这就是我们当前所熟知的唯物辩证法三大规律的雏形。这三大规律就是自然界事物之间普遍联系

① 恩格斯：《自然辩证法》，人民出版社2018年版，第69页。

② 恩格斯：《自然辩证法》，人民出版社2018年版，第82页。

和发展的内在推动力，也正是这三大规律揭示了自然界事物之间的普遍联系和发展。辩证法的三大规律是由黑格尔最早提出的，黑格尔在其《逻辑学》一书第一部分中阐述了第一个规律，在《逻辑学》一书第二部分中阐述了第二个规律，而第三个规律则作为其构筑整个哲学体系的基本规律贯穿其思想始终。虽然黑格尔已经对三个规律进行过完善而又详尽的阐述，但是在恩格斯看来，黑格尔对辩证法的阐述实质上是唯心主义的曲解，因为在黑格尔那里"这些规律是作为思维规律强加于自然界和历史的，而不是从它们中推导出来的"[①]。

揭露了黑格尔辩证法的错误之后，恩格斯阐明了他在本书中论述辩证法基本规律的根本目的："我们在这里不打算写辩证法的手册，而只想说明辩证法规律是自然界的实在的发展规律，因而对于理论自然研究也是有效的。"[②]也就是说，不是为了简单地通过自然界的实例论证辩证法的规律具体是什么，而是要运用辩证法的规律解决理论自然研究中所面临的问题困境。在本书中恩格斯主要对量转化为质和质转化为量的规律进行了较为详细的论述。

量转化为质和质转化为量的规律，我们现在将其表述为质量互变规律，这一规律主要揭示事物发展的过程和状态。其基本内容可以简单概括为量变是质变的基础，是质变的必要准备，质变则是量变的必然结果，两者在事物发展过程中相互联系、相互渗透，表现为量变中有质变（包括阶段性和局部性的部分质变），质变中又有量的扩张。在文中，恩格斯对这

① 恩格斯：《自然辩证法》，人民出版社2018年版，第75页。
② 恩格斯：《自然辩证法》，人民出版社2018年版，第76页。

一规律进行了初步的概括："我们可以把这个规律表述如下：在自然界中，质的变化——在每一个别场合都是按照各自的严格确定的方式进行的——只有通过物质或运动（所谓能）的量的增加或减少才能发生。"[①]在这里，恩格斯主要强调事物质的变化是以事物量的变化为根本前提的，没有物质或运动的增加或减少，物质的质是不可能改变的。

恩格斯引用了物理学、化学和生物学等领域中大量的实例说明了量转化为质和质转化为量的规律在自然界中是普遍适用的。在恩格斯看来，化学领域是这一规律"取得最伟大胜利的领域"，"化学可以说是研究物体由于量的结构的变化而发生的质变的科学"[②]。比如氧（O_2）和臭氧（O_3）都是由氧原子所构成，但是两者却有质的差别，原因就在于组成氧分子的是两个氧原子，而组成臭氧分子的则是三个氧原子；笑气（一氧化二氮 N_2O）和无水硝酸（五氧化二氮 N_2O_5）都是由氧原子和氮原子所组成，但是由于两者分子结构完全不同，所以导致两者有着质的区别。恩格斯进一步指出，这种由物质的量的构成变化而引起的质变在碳氢化合物中表现得更为明显，"在正烷烃中，最低的一级是甲烷，CH_4；在这里，碳原子的四个化学键被四个氢原子所饱和。第二种是乙烷，C_2H_6，两个碳原子互相联结，自由的六个化学键被六个氢原子所饱和。再往下，依据代数公式 C_nH_{2n+2}，便有 C_3H_8，C_4H_{10} 等等，结果每增加一个 CH_2，便形成一个和以前的物体在质上不同的物体"[③]。

① 恩格斯：《自然辩证法》，人民出版社2018年版，第76页。

② 恩格斯：《自然辩证法》，人民出版社2018年版，第79页。

③ 恩格斯：《自然辩证法》，人民出版社2018年版，第79—80页。

恩格斯认为，量转化为质和质转化为量的规律对于自然科学研究具有重要意义，门捷列夫对于元素周期律的发现便是最好的验证。在恩格斯看来，门捷列夫正是通过“不自觉地——应用黑格尔的量转化为质的规律，完成了科学上的一个勋业，这一勋业，足以同勒维烈计算出尚未见过的行星海王星的轨道的勋业媲美”[①]。

对于对立的相互渗透的规律和否定的否定的规律，恩格斯在本书中并未作专门的系统的阐述，只是在一些札记中对对立的相互渗透的规律进行了零星的论述。

在三大规律中，他认为对立统一规律才是最根本的，在辩证法中处于核心地位。不管是质量互变规律，还是否定之否定规律，都离不开对立面之间相互渗透和互相转化。恩格斯在《反杜林论》中也说过，“运动本身就是矛盾”，“生命”“思维”也都是矛盾。对立面的互相渗透和互相转化，是“辩证法自然观的核心”。自然界中物质通过各种不同形式的运动互相渗透和互相转化呈现运动和发展的辩证图景。

矛盾是普遍存在的。恩格斯通过对客观辩证法和主观辩证法之间关系的论述强调了矛盾在自然界的普遍存在，“所谓的客观辩证法是在整个自然界中起支配作用的，而所谓的主观辩证法，即辩证的思维，不过是在自然界中到处发生作用的、对立中的运动的反映，这些对立通过自身的不断的斗争和最终的互相转化或向更高形式的转化，来制约自然界的生活”[②]。恩格斯对主观辩证法与客观辩证法的论述从本质上说

① 恩格斯：《自然辩证法》，人民出版社2018年版，第81页。

② 恩格斯：《自然辩证法》，人民出版社2018年版，第82页。

明了主观辩证法和客观辩证法都是关于矛盾的斗争和转化的学说，只是主观辩证法不过是客观辩证法的反映而已。矛盾运动规律在自然界中是普遍存在的，比如力学中的吸引和排斥、正电和负电，生物学中的遗传和变异，化学中的化合和分解，等等。

恩格斯认为，辩证法与非此即彼的形而上学思维方式是不同的，辩证法的思维方式实质上是“一分为三”。所谓“一分为三”，就是矛盾双方既相互区别又相互联系，并在一定条件下相互转化，既“非此即彼”，又“亦此亦彼”。恩格斯指出，“一分为三”才是分析、探讨、解决问题的基本方式和根本方法，才是事物产生、发展变化和矛盾运动的普遍的规律。“辩证的思维方法同样不承认什么僵硬和固定的界线，不承认什么普遍绝对有效的‘非此即彼！’，它使固定的形而上学的差异互相转移，除了‘非此即彼！’，又在恰当的地方承认‘亦此亦彼！’，并使对立的各方相互联系起来。这样的辩证思维方法是唯一在最高程度上适合于自然观的这一发展阶段的思维方法。”[①]

（二）辩证法的重要范畴

在分析了对立统一规律的基础上，恩格斯进一步阐述了辩证法的几对重要范畴，并指出这些范畴便是对立统一规律的具体体现和补充，“同一和差异——必然性和偶然性——原因和结果——这是两个主要的对立，当它们被分开来考察时，都互相转化。于是必须求助于‘根据’”[②]。这里所谓的“根据”便是事物内部的矛盾，因为只有揭露出它们之间的对立统一

① 恩格斯：《自然辩证法》，人民出版社2018年版，第84页。
② 恩格斯：《自然辩证法》，人民出版社2018年版，第89页。

关系，才能理解这些范畴相互转化的原因所在。

同一和差异。通过对大量科学材料的分析，恩格斯批判了抽象的同一性，指出了同一与差异的辩证关系，“对综合性自然科学来说，即使在每一单个部门中，抽象的同一性也是完全不够用的，而且，虽然总的说来在实践中现在已经排除这种抽象的同一性，但它在理论上仍然支配着人们的头脑，大多数自然科学家还以为同一和差异是不可调和的对立物，而不是各占一边的两极，这两极只是由于相互作用，由于把差异性纳入同一性之中，才具有真理性”[①]。也就是说，同一与差异并不是根本对立的，而是相互作用、相互包含的，同一必然是包含着差异的同一，差异也必然是包含着同一的差异。

偶然性和必然性。这对范畴揭示的是事物的确定性和非确定性之间的辩证关系。偶然性和必然性既是对立的，又是同一的，又是相互包含的。恩格斯指出：“偶然性只是相互依存性的一极，它的另一极叫作必然性。在似乎也是受偶然性支配的自然界中，我们早就证实，在每一个领域内，都有在这种偶然性中去实现自身的内在的必然性和规律性。”[②]在恩格斯看来，这对范畴之间辩证关系的实质就如黑格尔所指出的，“偶然的东西正因为是偶然的，所以有某种根据，而且正因为是偶然的，所以也就没有根据；偶然的东西是必然的；必然性自我规定为偶然性，而另一方面，这种偶然性又宁可说是绝对的必然性”[③]。这就是说，必然性与偶然性并不是事物发展的

---

① 恩格斯：《自然辩证法》，人民出版社2018年版，第91页。
② 《马克思恩格斯选集》第4卷，人民出版社2012年版，第191—192页。
③ 恩格斯：《自然辩证法》，人民出版社2018年版，第94—95页。

两个互相对立的过程，而是事物发展过程中互相矛盾又相互转化的两个方面。而达尔文的进化论便是这种辩证关系最有力的证明。但是形而上学观点则否定了偶然性与必然性的辩证关系，表现为两种错误倾向：第一种观点认为偶然性与必然性是绝对排斥的，即认为“一个事物、一种关系、一个过程，不是偶然的，就是必然的，但是不能既是偶然的，又是必然的”①；第二种错误观点则只承认必然性，否定偶然性，在这种观点的理解中，“必然被说成是科学上唯一值得注意的东西，而偶然被说成是对科学无足轻重的东西。这就是说：凡是人们可以纳入规律、因而是人们认识的东西，都是值得注意的；凡是人们不能纳入规律、因而是人们不认识的东西，都是无足轻重的，都是可以不予理睬的”②。而这种认知的后果便是一切科学都将“停滞不前了”③。

原因和结果。这对范畴揭示了事物的始发性和后继性、主动和被动之间的辩证关系。恩格斯认为，只有从事物之间的相互作用出发，才能认识因果联系，因为“相互作用是我们从现今自然科学的观点出发在整体上考察运动着的物质时首先遇到的东西。我们看到一系列的运动形式，机械运动、热、光、电、磁、化合和分解、聚集状态的转化、有机的生命，如果我们暂且把有机的生命排除在外，那么，这一切都是互相转化、互相制约的，在这里是原因，在那里就是结果，运动尽管有种种不断变换的形式，但是运动的总和始终不变。机械运动转

①② 恩格斯：《自然辩证法》，人民出版社2018年版，第92页。

③ 恩格斯：《自然辩证法》，人民出版社2018年版，第93页。

化为热、电、磁、光等等，反之亦然”[①]，“只有从这种普遍的相互作用出发，我们才能认识现实的因果联系。为了了解单个的现象，我们必须把它们从普遍的联系中抽出来，孤立地考察它们，而在这里出现的就是不断变换的运动，一个表现为原因，另一个表现为结果”[②]。

（三）辩证逻辑和认识论

按照从客观辩证法到主观辩证法的逻辑理路，恩格斯在论述了自然界的辩证法之后，紧接着便对认识自然的辩证法进行了深入阐述，主要包括了人类认识的有限与无限、辩证逻辑与形式逻辑、判断的辩证分类等几个方面的内容。

人类认识的有限与无限。恩格斯通过对当时自然科学领域不可知论者的批判，阐述了人类认识的有限与无限的辩证关系。人的认识是有限与无限的统一，一方面，就人的认识本性和整个人类的认识能力而言，世界上没有不能被认识的事物，人的认识能力是无限的；但具体而言，人的认识又是有限的，会受到各种主客观条件的限制。正如恩格斯指出的，“我们只能在我们时代的条件下去认识，而且这些条件达到什么程度，我们就认识到什么程度”[③]。德国物理学家、生理学家赫尔姆霍茨认为人的眼睛的特殊结构导致了人的视力是有限的，从而导致人们对事物的认识是有限的、不可靠的，人类不可能认识客观事物的本质。但是恩格斯则认为，将人的认识范围归纳于感官范围是不对的，因为“人的眼睛的特殊构造并

① 恩格斯：《自然辩证法》，人民出版社2018年版，第96页。

② 恩格斯：《自然辩证法》，人民出版社2018年版，第97页。

③《马克思恩格斯选集》第3卷，人民出版社2012年版，第933页。

不是人的认识的绝对界限。除了眼睛，我们不仅还有其他的感官，而且有思维能力”[①]。也就是说，思维能力打破了人类感官的局限，拓展了人对事物的认识范围和深度，它可以通过我们对事物的感性认识中所积累的感性材料进行加工处理，从而上升到对事物的理性认识，即达到对事物本质和规律的认识。另外，德国植物学家耐格里则认为人类只能认识事物量的差异，而无法认识质的差异，只能认识有限，而无法认识无限，只能认识个别，而无法认识一般。在恩格斯看来，耐格里“认识有限说”的错误便在于他割裂了有限与无限、个别与一般的联系，没有看到这些范畴之间的辩证统一性。

辩证逻辑和形式逻辑。恩格斯在《反杜林论》中将逻辑（即思维的规律）分为了形式逻辑和辩证逻辑，并指出形式逻辑是研究思维的主观形式，而辩证逻辑则是研究思维的客观内容，两者的关系就如同初等数学和高等数学的关系。形式逻辑是以思维形式及其规律为主要研究对象，辩证逻辑则是研究思维研究反映客观世界的辩证发展过程的人类思维的形态，即关于辩证思维的形式、规律和方法的科学。恩格斯在《自然辩证法》中进一步指出了两者的区别：“辩证逻辑和旧的纯粹的形式逻辑相反，不像后者那样只满足于把思维运动的各种形式，即各种不同的判断形式和推理形式列举出来并且毫无联系地并列起来。相反，辩证逻辑由此及彼地推导出这些形式，不是把它们并列起来，而是使它们互相从属，从低级形式发展出高级形式。”[②]

---

① 恩格斯：《自然辩证法》，人民出版社 2018 年版，第 102 页。

② 恩格斯：《自然辩证法》，人民出版社 2018 年版，第 103 页。

判断的辩证分类。概念、判断、推理是理性认识的三种形式。对于判断的研究，早在古希腊时期就已开始，如亚里士多德便以形式逻辑的分类法将判断分为质的判断、量的判断、关系的判断等几种形式，但这种判断分类法有很大的局限性，更关注判断的形式而忽视了判断的内容。到了19世纪，黑格尔则开创性地用辩证逻辑的分类法对判断进行了重新划分，主要划分为四种形式：实有的判断（包括肯定判断、否定判断等）、反思的判断（包括单称判断、特称判断等）、必然性的判断（包括直言判断、选言判断等）、概念的判断（包括实然判断、确然判断等）。恩格斯在黑格尔的分类基础上，将这四种形式进一步概括为三种形式：个别的判断（实有的判断）、特殊的判断（反思的判断和必然性的判断）、普遍的判断（概念的判断），并指出："在这里，从个别到特殊并从特殊到普遍的递进，并不是在一种样式中，而是在许多种样式中实现的。"[①]恩格斯对黑格尔的分类法给予了很高的评价，认为这种分类法所具有的内在真理性和内在必然性是确定无疑的，因为"这种分类法在多大程度上不仅以思维规律为根据，而且还以自然规律为根据"[②]。也就是说，判断的发展规律必然是和自然规律一致的。接着，恩格斯还通过描述人类对能量守恒与转化规律的发现过程对此进行了说明。在人类社会早期，人们在实践活动中产生了"摩擦是热的一个源泉"的判断，这是个别的判断。直到1842年，迈尔、焦耳等科学家才作出这样的判断：一切机械运动都能借助摩擦而转化为热，即两种特殊的运动形

① 恩格斯：《自然辩证法》，人民出版社2018年版，第106页。
② 恩格斯：《自然辩证法》，人民出版社2018年版，第104页。

式可以通过特定环境实现转化,这是特殊的判断。几年以后,能量守恒与转化规律得以发现,即每一种运动形式都可以转化为其他运动形式,这是普遍的判断。

重视假说的作用。假说是根据已知的科学事实和科学原理对所研究的自然现象及其规律性提出的推测和说明。假说是科学研究中必不可少的方法,可以说,任何一种科学理论在未得到确证之前都会表现为假说。正如恩格斯所指出的,“只要自然科学运用思维,它的发展形式就是假说”①。科学研究的过程,或者说对客观事物的本质和规律发现的过程,不是一蹴而就的,而是一个不断发展完善的过程,在这个过程中,客观事物的本质和规律是逐步显现出来的。当我们根据既有事实还无法建立科学的理论时,便需要通过假定性推测来进行概括和说明,从而指导我们进一步的研究,新的研究发现又会对假说不断地进行排除和修正,直到最终确立科学的理论。恩格斯指出:“一个新的事实一旦被观察到,先前对同一类事实采用的说明方式便不能再用了。从这一刻起,需要使用新的说明方式——最初仅仅以有限数量的事实和观察为基础。进一步的观察材料会使这些假说纯化,排除一些,修正一些,直到最后以纯粹的形态形成定律。如果要等待材料纯化到足以形成定律为止,那就等于要在此以前中止运用思维的研究,而那样一来,就永远都不会形成什么定律了。”②

归纳与演绎的辩证关系。归纳和演绎是推理的两种主要形式,归纳的推理顺序是从个别到一般,演绎的推理顺序则是

---

①② 恩格斯:《自然辩证法》,人民出版社2018年版,第110页。

从一般到个别。在当时的自然科学领域，由于经验主义的普遍流行，一些自然科学家在看待归纳和演绎的关系时，存在着将归纳与演绎割裂开来，重归纳而轻演绎的倾向，恩格斯将他们称为“归纳万能论者”，并指出了这种观点的根本问题所在：“归纳和演绎，正如综合和分析一样，必然是相互关联的。不应当牺牲一个而把另一个片面地捧到天上去，应当设法把每一个都用到该用的地方，但是只有认清它们是相互关联、相辅相成的，才能做到这一点。”[①]也就是说，归纳和演绎并非是完全对立、相互排斥的，而是辩证统一，相互联系、相互依赖的。一方面归纳的过程需要演绎指导，另一方面演绎也要以归纳的结论为前提。

三、物质运动形式和科学分类

在这部分内容里，恩格斯系统阐述了辩证唯物主义物质运动观的基本原理，着重分析了物质及其与运动的关系、运动形式的多样性与统一性以及各门科学之间的联系和科学分类等方面的内容。这部分内容的详细论述主要集中在《运动的基本形式》这篇论文和与其相关的20条札记片段之中。

（一）物质的定义及其存在形式

唯物主义对于物质的理解经历了从朴素到科学、从片面到全面的发展过程。古代朴素唯物主义将物质等同于某种具体的物质形态，认为水、火、气等具体物质是世界的本原；近代机械唯物主义则将物质等同于构成物质的微观层次原子，将

① 恩格斯：《自然辩证法》，人民出版社2018年版，第108页。

原子的基本属性和特征归于物质的基本属性和特征，无法正确理解哲学的物质概念和自然科学的物质概念之间的共性和个性的关系。恩格斯在总结了19世纪自然科学和哲学的发展成果基础上，对物质概念进行了概括。他指出："物质本身是纯粹的思想创造物和纯粹的抽象。当我们用物质概念来概括各种有形地存在着的事物的时候，我们是把它们的质的差异撇开了。因此，物质本身和各种特定的、实存的物质的东西不同，它不是感性地存在着的东西。"[①]"物、物质无非是各种物的总和，而这个概念就是从这一总和中抽象出来的"[②]。进入20世纪，列宁在《唯物主义和经验批判主义》一书中对物质概念作了全面科学的界定："物质是标志客观实在的哲学范畴，这种客观实在是人通过感觉感知的，它不依赖于我们的感觉而存在，为我们的感觉所复写、摄影、反映。"[③]辩证唯物主义物质观的确立克服了旧唯物主义的缺陷，为彻底的唯物主义奠定了理论基础。

运动是物质的存在形式和根本属性。所谓运动，是标志一切事物的变化及其过程的哲学范畴，"运动，就它被理解为物质的存在方式、物质的固有属性这一最一般的意义来说，涵盖宇宙中发生的一切变化和过程，从单纯的位置变动直到思维"[④]。在恩格斯看来，物质和运动是紧密联系、不可分割的，物质只能是运动着的物质，而运动也只能是物质的运动，换句

① 恩格斯：《自然辩证法》，人民出版社2018年版，第130页。

② 恩格斯：《自然辩证法》，人民出版社2018年版，第118页。

③《列宁专题文集·论辩证唯物主义和历史唯物主义》，人民出版社2009年版，第35页。

④ 恩格斯：《自然辩证法》，人民出版社2018年版，第132页。

话来说，运动的主体只能是物质，一切运动形式都有物质承担者，不存在非物质的运动，比如物理运动的物质承担者是分子和原子等，生物运动的物质承担者是蛋白质，等等。而物质也必然是不断运动变化的，不存在不运动的物质，“物质本身的各种不同的形式和种类又只有通过运动才能认识，物体的属性只有在运动中才显示出来；关于不运动的物体，是没有什么可说的。因此，运动着的物体的性质是从运动的形式得出来的”[①]。

运动的不可灭性。在恩格斯看来，物质和运动是紧密相连的，因此，在一定程度上，物质的特性决定着运动的特性，物质作为一种“既有的东西”，是不能创造和消灭的，这便决定着物质是不灭的，因此作为物质存在形式的运动也是不灭的、不可创造的。恩格斯指出：“既然我们面前的物质是某种既有的东西，是某种既不能创造也不能消灭的东西，那么由此得出的结论就是：运动也是既不能创造也不能消灭的。只要认识到宇宙是一个体系，是各种物体相联系的总体，就不能不得出这个结论。”[②]一切运动都在于吸引和排斥的相互作用。运动只有在每一个吸引被另一处的相应的排斥所抵偿时，才有可能发生，否则一方会逐渐胜过另一方，运动最后就会停止。所以，宇宙中的一切吸引和一切排斥，一定是互相平衡的。于是，运动既不能消灭也不能创造的定律，就采取这样的表达方式：宇宙中的每一个吸引运动，都必定由一个相等的排斥运动来补充，反过来也是这样；或者如古代哲学早在自然科学中提

① 恩格斯：《自然辩证法》，人民出版社2018年版，第121页。
② 恩格斯：《自然辩证法》，人民出版社2018年版，第133页。

出力的守恒或能量守恒定律，也就是说，宇宙中一切吸引的总和等于一切排斥的总和。

运动和平衡的辩证关系。在恩格斯看来，运动和平衡（相对静止）是统一的、不可分割的，即我们通常所说的“动中有静，静中有动”，“平衡和运动是分不开的。在天体的运动中，存在着平衡中的运动和运动中的平衡（相对的）”[①]。也就是说，平衡也是一种“特殊的相对的运动”，是暂时的、相对的、有条件的。但是，任何特殊的相对的运动，都是旨在确立相对静止即平衡的一种追求。

（二）物质的运动形式

恩格斯根据当时自然科学已有的研究成果，将自然界中的运动形式划分为四种：机械运动、物理运动、化学运动、生物运动。

在恩格斯看来，自然界的运动形式经历了一个辩证发展的过程，从机械运动到物理运动、从物理运动到化学运动、从化学运动再到生物运动是从低级到高级、从简单到复杂的发展过程。在这个过程中，每一种较高级的运动形式都是从较低级的运动形式发展过来的，而这一客观过程与人们认识自然的过程是一致的。恩格斯指出：“研究运动的本性，当然不得不从这种运动的最低级的、最简单的形式开始，先学会理解这样的形式，然后才能在说明更高级的和复杂的形式方面有所建树。所以我们看到：在自然科学的历史发展中，最先产生的是关于简单的位置变动的理论，即天体和地上物体的力学，

① 恩格斯：《自然辩证法》，人民出版社2018年版，第155页。

随后是关于分子运动的理论，即物理学，紧接着、几乎同时而且在有些方面还先于物理学而产生的，是关于原子运动的科学，即化学。只有在这些关于支配着非生物界的运动形式的不同知识部门达到高度的发展以后，才能成功地阐明各种显示生命过程的运动进程。”[①]

运动形式和位移。恩格斯认为，一切运动形式都存在着位移，即位置变动，运动和位移是不可分开的，“一切运动都和某种位置变动相联系，不论这是天体的、地上物体的、分子的、原子的或以太粒子的位置变动。运动形式越高级，这种位置变动就越微小。位置变动决不能把有关的运动的本性包括无遗，但是也不能和运动分开。所以必须首先研究位置变动”[②]。在这里，恩格斯也同时指出了运动形式的级别和位移的大小是紧密相关的，一般而言，运动的形式越低级，位移便越大，运动形式越高级，位移便越小。比如分子运动比物体运动的位移小，而原子运动又比分子运动的位移小。

批判机械运动论。恩格斯在阐述运动形式和位移的关系基础上，对机械运动论进行了批判。机械运动论主张将高级运动归为低级运动，甚至将一切运动都归为机械运动。其问题实质在于只看到了各种运动形式量的差异，而忽视了它们之间质的不同。恩格斯指出：“正如高级的运动形式同时还产生其他的运动形式一样，正如化学反应不能没有温度变化和电的变化，有机生命不能没有机械的、分子的、化学的、热的、电的等等变化一样。但是，这些次要形式的存在并不能穷尽

---

① 恩格斯：《自然辩证法》，人民出版社2018年版，第132页。

② 恩格斯：《自然辩证法》，人民出版社2018年版，第133页。

各种主要形式的本质。终有一天我们肯定可以用实验的方法把思维'归结'为脑中的分子运动和化学运动，但是这样一来难道就穷尽了思维的本质吗？”[①]

吸引和排斥是无机界运动的基本形式。恩格斯指出，尽管自然界的运动形式是多种多样的，但是从本质上讲，它们都源于吸引和排斥的相互作用，也就是说，运动的基本形式便是吸引和排斥，一切运动都体现着吸引与排斥的辩证统一，“一切运动的基本形式都是接近和分离，收缩和膨胀，——一句话，是吸引和排斥这一古老的两极对立”[②]。为进一步论证这一观点，恩格斯对机械运动、物理运动和化学运动进行了阐述和分析，指出这些领域中的运动本质上都是吸引和排斥及其相互作用的具体体现。比如分子运动中的分子力和热运动、磁现象中的南极和北极、化学运动中的化合和分解等。

（三）各门科学之间的联系和科学分类

自然科学的研究对象是运动着的物质，而运动着的物质的性质是通过各种运动形式展现出来的，因此各门自然科学必然要研究这些运动形式，比如力学、物理学、化学、生物学，分别对应着机械运动、物理运动、化学运动和生物运动。基于此，恩格斯提出了对科学进行分类的两个基本原则：

其一是科学分类的客观性原则。各门科学的分类必须要依据运动形式的固定次序来进行。恩格斯指出：“每一门科学都是分析某一个别的运动形式或一系列互相关联和互相转化的运动形式的，因此，科学分类就是这些运动形式本身依其内

---

① 恩格斯：《自然辩证法》，人民出版社 2018 年版，第 154—155 页。

② 恩格斯：《自然辩证法》，人民出版社 2018 年版，第 134 页。

在序列所进行的分类、排序，科学分类的重要性也正在于此。”[①]那么，根据各门科学和运动形式的对应关系，力学、物理学、化学、生物学便是从低级到高级循序递进的。

其二是科学分类的发展或衍生原则。恩格斯指出：“正如一个运动形式是从另一个运动形式中发展出来一样，这些形式的反映，即各种不同的科学，也必然是一个从另一个中产生出来。”[②]另外，恩格斯指出这种转化的过程是自然而然的，是由自然界的自行发展所证明的，而不是如圣西门和黑格尔一样仅基于外表的顺序而进行科学分类。

另外，恩格斯也指出，应当辩证地把握不同科学之间的联系，既要看到不同科学存在的内在联系，也要看到它们之间质的区别。恩格斯解释道：“当我先把物理学叫做分子的力学、把化学叫做原子的物理学，再进一步把生物学叫做蛋白质的化学的时候，我是想借此表示这些科学中一门向另一门的过渡，从而既表示出两者的联系、连续性，又表示出它们的差异、非连续性。更进一步把化学也叫做某种力学，这在我看来是不能容许的。”[③]也就是说，一门科学向另一门科学的转化不仅表明了两者之间的内在联系，更表明了两者之间的差异和不同。

四、数学和各门自然科学中的辩证内容

恩格斯在[数学][力学和天文学][物理学][化学]《运动

① 恩格斯：《自然辩证法》，人民出版社2018年版，第122页。
② 恩格斯：《自然辩证法》，人民出版社2018年版，第123页。
③ 恩格斯：《自然辩证法》，人民出版社2018年版，第126页。

的量度——功》[1]等论文和札记中，把唯物辩证法正确应用于各门基础科学之中，深刻揭示了其中所蕴含的丰富的辩证内容，从而把自然科学中蕴含的自然界运动变化发展的辩证本性展现出来，进一步论证了唯物辩证法的普遍适用性和唯一正确性。

（一）数学

恩格斯在《自然辩证法》的［计划草案］中写道："数学：辩证的辅助工具和表达方式——数学的无限是实际存在的。"[2]本书中《关于现实世界中的数学的无限之原型》等17篇札记便是为完成这部分写作所准备的材料。在这部分内容中，恩格斯对数学运算方法中的辩证法、数学中量和质的辩证法、数学概念中的辩证法等内容进行了唯物主义阐释，论证了数学中的规律和现实规律的一致性，批判了数学中的形而上学和唯心主义观点。

数学运算方法中的辩证法。恩格斯认为，数学中的各种运算中存在对立统一关系，既相互区别，也相互联系，并在一定条件下可以相互转化。比如乘法就是一定数目的同一数量的简约的加法，而除法则是其简约的减法，加法和减法互为逆运算，乘法和除法互为逆运算，等等。恩格斯又特别强调了变量数学的发展尤其是微积分的创立便是唯物辩证法的普遍规律适用于数学的例证。他指出："数学中的转折点是笛卡尔的变数。有了变数，运动进入了数学，有了变数，辩证法进入了数学，有了变数，微分和积分也就立刻成为必要的

① 参见恩格斯：《自然辩证法》，人民出版社2018年版，第182—283页。

② 恩格斯：《自然辩证法》，人民出版社2018年版，第4页。

了。”[①]“只有微分学才使自然科学能够用数学来表示过程即运动，而不仅仅表示状态。”[②]

数学中质和量的辩证法。恩格斯指出，数本身便表征着量与质的统一，“数是我们所知道的最纯粹的量的规定。但是它充满了质的差异”[③]。当量的差异达到一定程度，便会呈现质的差异，在这里，恩格斯用数学中无限大和无限小的例子进行了说明，“数学一谈到无限大和无限小，它就导入一个质的差异，这个差异甚至表现为不可克服的质的对立：量之间的差异太大了，以至它们之间不再有任何合理的关系，无法进行任何比较，它们变成在量上不可通约的了”[④]。

数学概念中的辩证法。一和多的辩证关系。恩格斯认为，一与多是对立的，但同时也是相互包含、相互渗透的，并在一定条件下可以相互转化。一包含着多，同样多也包含着一。他指出：“如果说，任何数只要是由相加起来的一所组成，因而自身包含着一，那么，一自身也同样包含着其他一切数。”[⑤]“一和多是不可分的、相互渗透的两个概念，一寓于多中，同样，多也寓于一中。”[⑥]零和非零的辩证关系。我们一般认为零就代表无，即什么内容也没有，但恩格斯则认为，事实恰恰相反，零不仅是确定的数，而且有着比其他数更丰富的内容。“零是任何一个确定的量的否定，所以不是没有内容的。相反，零具有非常确定的内容。”[⑦]“零不只是一个非常确定的

---

① 恩格斯：《自然辩证法》，人民出版社2018年版，第189页。

②③④ 恩格斯：《自然辩证法》，人民出版社2018年版，第190页。

⑤ 恩格斯：《自然辩证法》，人民出版社2018年版，第193—194页。

⑥ 恩格斯：《自然辩证法》，人民出版社2018年版，第194页。

⑦ 恩格斯：《自然辩证法》，人民出版社2018年版，第191页。

数，而且它本身比其他一切以它为界限的数都更重要。事实上，零比其他任何一个数都有更丰富的内容。”①另外，恩格斯还对数学概念中确定的数和不确定的数、曲线与直线、三角形和圆等存在的辩证关系进行了论述。

（二）力学、物理学和天文学

运动的量度。从17世纪末开始，欧洲的一些哲学家和自然科学家便围绕“运动的量度”展开了激烈的争论，争论最先发生于笛卡尔和莱布尼茨之间，两人都是当时著名的哲学家、数学家，笛卡尔认为物体运动的量度应当是mv（质量和速度的乘积），但莱布尼茨则认为物体运动的量度应当是mv^2，两人都不认同对方的观点。之后法国科学家达兰贝尔对两人的观点进行了调和，肯定了两个量度都是有效的。恩格斯则认为，达兰贝尔的判决并未解决任何问题，因为这两种不同的量度的本质区别并没有搞清楚。原因就在于他们都只是在机械运动范围内来看待这两种量度，而没有看到机械运动向其他运动形式的转化。恩格斯进一步指出，在简单的机械运动中，比如完全弹性碰撞情形中，在碰撞前后mv的总和和mv^2的总和都没有变，两种量度都同样有效，但是在非弹性碰撞情形中就不同了，在碰撞前后mv的总和虽没有变，mv^2的总和却是减少的。因此，在这种情形中动量是守恒的，动能却是不守恒的。最后，恩格斯又进一步阐述了功与动能的内在联系，认为所谓功就是“从量的方面看出来的运动形式的变换”。

潮汐摩擦理论。潮汐摩擦是指海潮运动中海水与地球固

---

① 恩格斯：《自然辩证法》，人民出版社2018年版，第191页。

体表面以及海水质点间发生的摩擦现象。康德在《关于地球自转问题的研究》一书中提出了“地球自转因潮汐摩擦而放慢”的观点，恩格斯对于这一观点给予了肯定，但同时也指出，康德只看到太阳和月球的引力对地球自转所产生的影响作用的一个方面，即对地球或地球表面上的液体发生作用，而没有看到对整个地球都发生作用，从而阻碍着地球自转。在康德观点基础上，汤姆生和泰特进一步发展了潮汐摩擦理论，他们认为，万有引力是相互作用的，因此，当月球对地球产生万有引力作用时，地球也会反过来对月球产生万有引力作用，由此导致地球的自转变慢，月球也会不断远离地球，在这个过程中地球自转消耗的动能会全部转换为月球远离地球转动的位能，直到地球自转的周期与月球公转的周期相等为止。恩格斯肯定了他们对康德潮汐摩擦理论的进一步发展，但也指出了他们观点中的错误之处，即他们没有从能量守恒与转化定律中分析，而是从机械能守恒定律中分析这种能量变化，错误地认为地球是根本无法产生潮汐摩擦作用的刚体。恩格斯指出：“汤姆生和泰特竟没有注意到，他们为了论证潮汐摩擦理论却提出了以下面这个默认的前提为出发点的理论，这个前提就是：地球是一个完完全全的刚体，绝不可能有潮汐，因而也不可能有潮汐摩擦。”[①]

热的本质及人类对其认识过程。所谓热，本质上就是一种分子运动，热与机械运动紧密相关，热通过机械运动转化而来，反过来，热又可以转化为机械运动。恩格斯认为，人们对

① 恩格斯：《自然辩证法》，人民出版社2018年版，第211页。

于热的本质的发现是一个漫长曲折的过程,具有划时代的意义。早在远古时期,人类通过摩擦取火真正实现了机械运动向热的转化,而到了18世纪,蒸汽机发明以后,才真正实现了热向机械运动的转化,由此,在实践层面,机械运动和热的关系问题得以解决。但是,恩格斯认为,人们对于热的本质的认识却是落后于实践的,人们当时普遍接受"热质说"这一错误理论,即认为热是一种没有质量、无色无味、可以流动的特殊物质,这种观点极大地阻碍了自然科学的发展。恩格斯指出:"这种错误理论并不是某种邪恶的哲学强加给物理学家的,它是物理学家用他们自己的似乎比形而上学哲学思维方式高明得多的自然主义思维方式苦思冥想出来的。"①

电的本质。恩格斯指出:"电和热一样,也具有某种无所不在的性质,只不过方式不同而已。地球上发生的任何变化,几乎无不同时显示出电的现象。"②在恩格斯所处的时代,电学领域的发展还是比较滞后的,广泛的科学理论基础还未建立,经验主义占据优势。正如恩格斯所指出的:"电学还处于支离破碎的状态,暂时还不能建立一种无所不包的理论,从根本上说,正是这一情况使得片面的经验在这个领域中占优势。"③在当时,甚至关于电的本质的问题还未能得到解决,无论是以前的"流体说"还是之后的"以太说",在恩格斯看来,这些都无法真正揭示电的本质。他指出:"在此以前,或者在以太说也许被另一崭新的理论取代以前,电学还将处于尴尬的境地,不得

① 恩格斯:《自然辩证法》,人民出版社2018年版,第216页。
② 恩格斯:《自然辩证法》,人民出版社2018年版,第217页。
③ 恩格斯:《自然辩证法》,人民出版社2018年版,第218页。

不使用它本身也认为是错误的表达方法。”[1]但是恩格斯同时也指出，“以太说”相较于“流体说”已经是很大进步了，因为它使“人们有希望弄清楚：什么东西是电运动的真正物质基础，什么东西的运动引起电现象”[2]。同时，恩格斯还对原电池中电流的能源等问题进行了论述。

（三）化学

恩格斯在[化学]这部分的5篇札记中对化学中的辩证内容进行了剖析和阐述。这部分论述的主要内容包括了新原子论和化学研究方法等问题。

新原子论的辩证性质和重要意义。19世纪初，英国化学家、物理学家道尔顿在继承古希腊朴素原子论和牛顿微粒说基础上，提出了原子理论，揭示出了一切化学现象的本质都是原子运动。为了和以往的原子论相区别，恩格斯将道尔顿的原子论称为新原子论。在恩格斯看来，新原子论的提出对于近代化学发展具有重要意义，开启了化学的新时代。他指出：“化学上的新时代是从原子论开始的（所以，近代化学之父不是拉瓦锡，而是道尔顿），相应地，物理学上的新时代是从分子论开始的（换一种形式来说，而实质上只是就这一过程的另一个方面来说，是从发现运动形式的互相转化开始的）。”[3]接着，恩格斯又进一步阐明了新原子论和旧原子论的根本区别在于新原子论所具有的辩证性质，“新的原子论和所有已往的原子论的区别，在于它不认为（撇开蠢材不说）物质单纯是分立的，而认为不同层次的各分立部分（以太原子、化学原子、物体、天

①② 恩格斯：《自然辩证法》，人民出版社2018年版，第223页。

③ 恩格斯：《自然辩证法》，人民出版社2018年版，第283页。

体）是不同的关节点，这些关节点决定了一般物质的不同的质的存在方式——直到失重和排斥”[①]。

化学研究的方法必须要与时俱进。每一门具体科学的研究都离不开相应的研究方法，但是每一种研究方法都不是一劳永逸、普遍有效的，如果方法不能随着现实实际的改变而变化，就会成为科学发展的障碍。恩格斯指出：“旧的、方便的、符合以往流行的实践的方法，怎样转用于其他领域并且在那里变成障碍：在化学中，有化合物成分的百分率计算法，它是使人发现不了化合物的定比和倍比定律的最好不过的方法，它也确实在相当长的时期内使这些定律未被发现。”[②]

另外，恩格斯还指出，化学命名的方法同样也要不断发展，不能一成不变，不同的化合物要用不同的命名方法来命名，否则也会造成理解上的障碍。恩格斯举例说：“在有机化学中，一个物体的意义以及它的名称，不再仅仅由它的构成来决定，而更多地由它在它所隶属的系列中的位置来决定。因此，如果我们发现了某个物体属于某个这样的系列，那么它的旧名称就变成了理解的障碍，而必须代之以一个系列名称（烷烃等等）。”[③]

（四）生物学

在《导言》以及［生物学］的19篇札记中恩格斯依据当时生物学领域的发展成就，尤其是达尔文的生物进化理论，对生命的本质、生命的起源和生物的进化等问题进行了重点

① 恩格斯：《自然辩证法》，人民出版社2018年版，第283页。

② 恩格斯：《自然辩证法》，人民出版社2018年版，第283—284页。

③ 恩格斯：《自然辩证法》，人民出版社2018年版，第284页。

考察。

生命的本质。恩格斯首先揭示了生命运动的特殊本质，即生命就是“蛋白质的存在方式”，这一存在方式的本质因素便在于它“和它周围的外部自然界的不断的新陈代谢，这种新陈代谢一停止，生命就随之停止，结果便是蛋白质的分解”[①]。其次，恩格斯还继承了黑格尔“生命本身即包含着死亡的种子”的观点，指出生与死是辩证统一的，由此确立了辩证唯物主义的生命观。他指出：“今天，不把死亡看做生命的本质因素、不了解生命的否定从本质上说包含在生命自身之中的生理学，已经不被认为是科学的了，因此，生命总是和它的必然结局，即总是以萌芽状态存在于生命之中的死亡联系起来加以考虑的。辩证的生命观无非就是如此。”[②]

生命的起源。恩格斯认为，生命的产生和发展是一个长期的客观的历史过程，即从最初的无机界化学物质经过长期演变，在具备温度和其他先决条件后，形成了活的原生质，再经过数万年的长期发展，从没有形态的蛋白质形成具有膜和核的第一个细胞，由此确立了有机界形态发展的基础。恩格斯还特别强调了化学对于生命起源的决定性意义，指出“生命的起源必然是通过化学途径实现的”，生命的起源和延续都离不开化学的变化。

生物的进化。恩格斯认为，生物的进化过程是一个从简单到复杂、从低级到高级的辩证发展过程，即从无机物到有机物，从无细胞生物到单细胞生物再到多细胞生物的进化过

① 恩格斯：《自然辩证法》，人民出版社2018年版，第291页。
② 恩格斯：《自然辩证法》，人民出版社2018年版，第285页。

程。他指出："进化论证明了，从简单的细胞开始，怎样由于遗传和适应的不断斗争而一步一步地前进，一方面进化到最复杂的植物，另一方面进化到人。"[①]另外，对于达尔文的进化论，马克思和恩格斯都给予了很高的评价，认为其是19世纪科学领域的三大发现之一。但是恩格斯也指出，不能将生存斗争和自然选择的作用夸大化，因为这一理论还只是对自然界的"不完善的说明"，它只能适用于"由于植物和动物的过度繁殖所引起的斗争范围内"。那种将生存斗争夸大为自然界普遍的永恒的规律的观点必然是片面的、狭隘的。恩格斯指出："在自然界中绝不允许单单把片面的'斗争'写在旗帜上。但是，想把历史的发展和纷繁变化的全部丰富多样的内容一律概括在'生存斗争'这一干瘪而片面的说法中，是极其幼稚的。这等于什么也没有说。"[②]因为自然界中不单单存在着冲突和斗争，还存在着和谐与合作。恩格斯还指出，把生存斗争理论直接应用于社会历史领域，试图取代阶级斗争理论从而为资产阶级和资本主义制度作辩护也是行不通的，因为"把历史看做一系列的阶级斗争，比起把历史单纯归结为生存斗争的一些没有多大差异的阶段，内容丰富得多，而且深刻得多"[③]。

五、从自然界向人类社会的过渡

《劳动在从猿到人转变中的作用》是《自然辩证法》正文的

① 恩格斯：《自然辩证法》，人民出版社2018年版，第82—83页。

② 恩格斯：《自然辩证法》，人民出版社2018年版，第300页。

③ 恩格斯：《自然辩证法》，人民出版社2018年版，第301页。

最后一部分内容，也是恩格斯写作《自然辩证法》的落脚点。在这部分内容中，恩格斯通过阐述劳动在人类演化过程中的决定性作用、劳动是人区别于其他动物的根本标志以及人类如何成为自然的主人等问题，破解了人类演化之谜，搭建了从自然界到人类社会的桥梁，实现了马克思主义自然观和历史观的有机结合。

（一）劳动创造了人类

在人类历史上，恩格斯第一次开创性地提出了“劳动创造人本身”这一科学命题，强调指出，劳动才是猿转变为人的根本条件和动力所在，劳动在从猿转变为人的过程中发挥了决定性作用，从而解决了达尔文进化论的遗留难题。从猿进化到人的过程是一个漫长的历史过程，恩格斯认为这一过程可以分为四个阶段：

第一步手脚分工。恩格斯认为，从猿过渡到人的第一步便是类人猿的手脚开始有了分工，这种分工最早在几十万年前的热带森林古猿中便开始形成了。和其他类人猿种属不同的是，森林古猿是生活在树上的，在攀援过程中森林古猿的手和脚的使用方式是不同的，正是受此影响，它们“在平地上行走时也开始摆脱用手来帮忙的习惯，越来越以直立姿势行走。由此就迈出了从猿过渡到人的具有决定意义的一步”①。

① 恩格斯：《自然辩证法》，人民出版社2018年版，第304页。

知识链接

★ 小知识:森林古猿 ★

森林古猿(dryopithecus)是一组种类庞杂的化石猿类。化石发现于亚、欧、非三洲广大地区的中新世和上新世地层中,约生活于1200多万年前。化石遗骸有头骨、上下颌骨、四肢骨和牙齿等。它们的体质特征界于猿类与人类之间,且肢骨尚未特化,既可向现代猿类,也可向现代人类的方向发展。森林古猿广泛分布于非、亚、欧地区,它们是人类和类人猿的共同祖先。

第二步前肢变人手。在恩格斯看来,手的自由是从猿转变到人的第二个决定性的突破。手脚分工以后,手开始越来越多地从事更多的活动,获得更多的技巧,从开始只能做简单的几个动作,只能使用天然工具,到能够做一些相对复杂的动作,并制造出一些简单的工具,比如石刀等,从而手变得越来越灵活,并不断完善。恩格斯认为,正是这一转变,使得"具有决定意义的一步迈出了:手变得自由了,并能不断掌握新的技能,而由此获得的更大的灵活性便遗传下来,并且一代一代地增加着。所以手不仅是劳动的器官,它还是劳动的产物"[1]。

第三步语言的产生和发展。随着劳动实践活动的不断深入开展,人类的猿类祖先之间的联系和交往也越发紧密和深入,便有了不断增长的语言交流的需要,正是基于这种交往活动的需要,语言器官便产生了,语言也随之产生了。恩格斯指出:"语言是从劳动中并和劳动一起产生出来的,这个解释是

① 恩格斯:《自然辩证法》,人民出版社2018年版,第305页。

唯一正确的，拿动物来比较，就可以证明。”[①]

第四步人脑的形成。恩格斯认为，劳动、语言和人脑是相互联系、相互促进的。劳动和语言逐渐产生和不断发展的过程，促使了猿脑向人脑的进化。恩格斯指出：“首先是劳动，然后是语言和劳动一起，成了两个最主要的推动力，在它们的影响下，猿脑就逐渐地过渡到人脑。”[②]同时，在人脑不断发育和走向完善的过程中，人脑又反作用于劳动和语言，为这二者的进一步发展不断提供新的推动力。

最后，恩格斯还认为，随着从猿到人转变的完成，社会因素会发挥越来越重要的作用，不仅能更有力地推进人的不断完善，也为人的发展和完善规定了方向。他指出：“由于随着完全形成的人的出现又增添了新的因素——社会，这种发展一方面便获得了强有力的推动力，另一方面又获得了更加确定的方向。”[③]

（二）劳动是人区别于其他动物的根本标志

在恩格斯看来，劳动不仅创造了人本身，也创造出了人类社会，因此，劳动也是人类社会和猿群的本质区别。恩格斯指出：“人类社会区别于猿群的特征在我们看来又是什么呢？是劳动。”[④]

劳动创造了人，使人类懂得了制造工具和使用工具，而工具的制造和使用使得人类在生成过程中的食物结构不断变化，特别是从只吃植物到同时也吃肉，是猿向人转变的重要一

① 恩格斯：《自然辩证法》，人民出版社2018年版，第306页。

② 恩格斯：《自然辩证法》，人民出版社2018年版，第307页。

③④ 恩格斯：《自然辩证法》，人民出版社2018年版，第308页。

步。恩格斯认为，这种饮食习惯的变化，不仅提升了“正在生成中的人”的体能和独立性，更重要的是，对大脑发育产生了重要影响，他指出：“脑因此得到了比过去丰富得多的为脑本身的营养和发展所必需的物质，因而它就能够一代一代更迅速更完善地发育起来。”[①]另外，人类食肉习惯的形成，还引起了火的使用和动物的驯养，前者缩短了肉食的消化时间，而后者使肉食的种类更加丰富，这是对于人和人类社会发展具有重要意义的进步。基于以上分析，恩格斯指出：“这种正在生成中的人离植物界越远，他超出动物界的程度也就越高。”[②]

恩格斯还指出，人与其他动物的最本质的区别便在于人在自然界中的活动总是有目的、有计划的，人可以通过自觉能动的活动来改造自然从而满足自身的需要，而其他动物则只能被动地适应自然，虽然它们的活动也可以影响和改变外部自然界，但是这种影响和改变更多是自发的、无意识的。恩格斯指出：“动物仅仅利用外部自然界，简单地通过自身的存在在自然界中引起变化；而人则通过他所作出的改变来使自然界为自己的目的服务，来支配自然界。这便是人同其他动物的最终的本质的差别，而造成这一差别的又是劳动。”[③]恩格斯还认为，人类越是不断发展和完善，这种自觉能动性程度就会越高，“人离开动物愈远，他们对自然界的影响就越带有经过事先思考的、有计划的、以事先知道的一定目标为取向的行为

①② 恩格斯：《自然辩证法》，人民出版社2018年版，第309页。

③ 恩格斯：《自然辩证法》，人民出版社2018年版，第313页。

的特征”[①]。

（三）从自然界到人类社会

人类通过劳动开始利用自然和支配自然，但要真正成为自然的主人，实现从必然王国向自由王国的飞跃，则必须要正确认识和运用客观规律，懂得按客观规律办事。

要正确认识和运用自然规律，按自然规律办事。恩格斯认为，人类虽然可以通过自觉能动的活动利用自然界为自己服务，但是对自然界的利用和支配则必须以遵守客观规律为前提，否则，人类便会遭受大自然的报复。他告诫人们：“但是我们不要过分陶醉于我们人类对自然界的胜利。对于每一次这样的胜利，自然界都对我们进行报复。”[②] 恩格斯还以美索不达米亚、小亚细亚等地区的居民为了短期的利益破坏生态的例子论证了人们不遵守自然规律的后果。

那么，人们应当如何正确认识和看待人与自然之间的关系呢？首先的前提性认识是自然界相对于人不是异己的、对立的存在，相反，人与自然是统一的，人本身就是自然界的一部分。恩格斯指出：“事实上，我们一天天地学会更正确地理解自然规律，学会认识我们对自然界习常过程的干预所造成的较近或较远的后果。特别自本世纪自然科学大踏步前进以来，我们越来越有可能学会认识并从而控制那些至少是由我们的最常见的生产行为所造成的较远的自然后果。而这种事情发生得越多，人们就越是不仅再次地感觉到，而且也认识到自身和自然界的一体性，而那种关于精神和物质、人类和自

---

① 恩格斯：《自然辩证法》，人民出版社2018年版，第312页。

② 恩格斯：《自然辩证法》，人民出版社2018年版，第313页。

然、灵魂和肉体之间的对立的、荒谬的、反自然的观点，也就越不可能成立了。”[1]恩格斯进一步指出：“因此我们每走一步都要记住：我们决不像征服者统治异族人那样支配自然界，决不像站在自然界之外的人似的去支配自然界——相反，我们连同我们的肉、血和头脑都是属于自然界和存在于自然界之中的；我们对自然界的整个支配作用，就在于我们比其他一切生物强，能够认识和正确运用自然规律。”[2]

恩格斯还认为，人类要支配自然界，实现从必然王国向自由王国的飞跃，不仅要正确认识和运用自然规律，还要正确认识和运用社会规律，而且后者比前者更加困难。他指出：“如果说我们需要经过几千年的劳动才多少学会估计我们的生产行为在自然方面的较远的影响，那么我们想学会预见这些行为在社会方面的较远的影响就更加困难得多了。”[3]在恩格斯看来，人类对社会规律的认识和把握也同样经历了一个长期的痛苦的过程，“就是在这一领域中，我们也经过长期的、往往是痛苦的经验，经过对历史材料的比较和研究，渐渐学会了认清我们的生产活动在社会方面的间接的、较远的影响，从而有可能去控制和调节这些影响”[4]。但是，我们仅仅认识社会规律是不够的，还需要进行必要的、完全的生产方式和社会制度的变革，才能真正做到按社会规律办事。他指出：“但是要实行这种调节，仅仅有认识还是不够的。为此需要对我们的直

---

① 恩格斯：《自然辩证法》，人民出版社2018年版，第314页。

② 恩格斯：《自然辩证法》，人民出版社2018年版，第313—314页。

③ 恩格斯：《自然辩证法》，人民出版社2018年版，第314页。

④ 恩格斯：《自然辩证法》，人民出版社2018年版，第315页。

到目前为止的生产方式，以及同这种生产方式一起对我们的现今的整个社会制度实行完全的变革。”①

延伸阅读

（1）马克思：《1844年经济学哲学手稿》，人民出版社2018年版。

（2）恩格斯：《自然辩证法》，人民出版社2018年版。

（3）《列宁专题文集：论辩证唯物主义和历史唯物主义》，人民出版社2009年版。

深度思考

（1）如何理解辩证唯物主义自然观代替形而上学自然观是历史的必然？

（2）如何理解恩格斯所提出的“劳动创造了人类”？

（3）结合实际，谈一谈正确认识和把握自然规律和社会规律的重要性。

① 恩格斯：《自然辩证法》，人民出版社2018年版，第315页。

第三章

理论意义和历史意义

《自然辩证法》是自然哲学发展史和马克思主义理论发展史上极为重要的一部著作，具有丰富而又深刻的理论意义和历史意义。

一、完善了马克思主义理论体系

作为科学的思想方法，马克思主义哲学具有整体性的理论品格，是使唯物论、辩证法和价值论在实践论基础上得以统一的完整理论体系。这一完整理论体系的创始人便是马克思和恩格斯，在马克思主义理论体系创立过程中，马克思与恩格斯既有着共同的任务，也有着不同的分工。

在《自然辩证法》写作之前，马克思和恩格斯的工作主要集中在对人类社会历史领域的研究阐发上，比如《德意志意识形态》《共产党宣言》《资本论》等，这些著作阐发的核心思想就是唯物史观，揭示的便是人类社会历史发展的规律。特别是《资本论》的写作，就是马克思运用辩证思维在分析欧美工业资本主义秘密的基础上，进而揭示了人类社会历史的矛盾运动及其发展规律。但是，如果马克思、恩格斯的理论研究仅仅局限于人类社会历史领域论证历史唯物主义的内容，其内容必然是不够完整且缺乏说服力的。因此，在马克思集中阐发唯物主义历史理论的时候，恩格斯所做的工作便是研究自然领域，分析自然界的运动变化发展规律，从而使马克思主义的逻辑体系趋于完善。正如恩格斯在《关于共产主义者同盟的历史》一文中所指出的，**“当我1844年夏天在巴黎拜访马克思时，我们在一切理论领域中都显出意见完全一致，从此就开始了我们共同的工作。1845年春天当我们在布鲁塞尔再次会见**

时，马克思已经从上述基本原理出发大致完成了阐发他的唯物主义历史理论的工作，于是我们就着手在各个极为不同的方面详细制定这种新形成的世界观了”[1]。“这种新形成的世界观”便是马克思主义，在这里，我们可以看出，马克思主要完成的是“阐发唯物主义历史理论的工作”，而恩格斯主要完成的则是与马克思的工作“极为不同的方面”，这个“极为不同的方面”便是恩格斯写作《反杜林论》和《自然辩证法》所要完成的工作，即阐发唯物主义自然理论的工作。如果说马克思写作《资本论》的主要贡献是人类社会历史的辩证法，那么恩格斯的《自然辩证法》的写作则为我们提供了自然界的辩证法。

《自然辩证法》是马克思、恩格斯所有著作中，唯一一部通过阐释自然界、反思自然界，来总结辩证法和辩证思维的哲学著作。有了这本著作，辩证思维的客观真理性才能揭示并得以充分论证，马克思主义哲学才有了比较完整的本体论部分的内容，马克思主义哲学才成为完整的理论逻辑体系。《自然辩证法》的诞生标志着旧自然观的终结，它在马克思主义发展史上首次全面论述了自然界的辩证法，探讨了自然科学的哲学问题，从而引起了自然观的伟大变革。正是自然和历史领域辩证法的变革才使得唯物辩证法变得彻底和客观。

《自然辩证法》的写作，尤其是《劳动在从猿到人的转变中的作用》的写作，为马克思主义自然观和历史观的统一搭建了桥梁。马克思、恩格斯早在《德意志意识形态》一文中指出：“我们仅仅知道一门唯一的科学，即历史科学。历史可以从两

①《马克思恩格斯选集》第4卷，人民出版社2012年版，第202—203页。

方面来考察，可以把它划分为自然史和人类史。但这两方面是不可分割的；只要有人存在，自然史和人类史就彼此相互制约。”[①]恩格斯正是通过《自然辩证法》的写作，架起了马克思主义自然观和马克思主义历史观相联系的桥梁。在总结概括近代自然科学重要发展成就基础上，恩格斯深入阐发了马克思主义自然观，揭示了自然界的辩证发展图景，实现了马克思主义自然观和历史观的统一、自然辩证法和历史辩证法的统一。正如凯德洛夫在其《论恩格斯〈自然辩证法〉》一书中所指出的，“对恩格斯来说，这本书的主要目的是创作一部直接同《资本论》衔接，并且与《资本论》一起提供关于马克思主义学说统一而完整的观念和对这个学说加以阐明的著作”[②]。也就是说，在凯德洛夫看来，恩格斯写作的目的就是要完成所谓“《前资本论》的东西”，揭示出“自然发展的客观过程怎样有规律地超出自然界本身的范围而到达人类社会历史领域的辩证法”。基于此，凯德洛夫进一步指出：“《自然辩证法》所结束的地方应当成为《资本论》的开始。《自然辩证法》通过自己的说明和分析的整个逻辑所导致的结果应当成为马克思的《资本论》和《政治经济学批判》的系统叙述所开始的东西。”[③]

二、确立了辩证唯物主义自然观

辩证唯物主义自然观是以自然界为研究对象，是对自然

---

①《马克思恩格斯选集》第1卷，人民出版社2012年版，第146页。

②［苏］勃·凯德洛夫：《论恩格斯〈自然辩证法〉》，殷登祥等译，生活·读书·新知三联书店1980年版，第35页。

③［苏］勃·凯德洛夫：《论恩格斯〈自然辩证法〉》，殷登祥等译，生活·读书·新知三联书店1980年版，第36页。

界的哲学反思。辩证唯物主义自然观依靠经验自然科学本身所提供的事实，以近乎系统的形式描绘出一幅自然界联系的辩证图景。正如恩格斯所指出的那样，从15世纪中叶开始，自然科学研究发生了颠覆性革命——开始注重经验实证研究，进入了“经验的自然科学”阶段，这一时期积累了大量的经验实证和知识材料。到18世纪中叶以后，自然科学研究便“迫切需要在各个知识领域之间树立正确的关系”，而这时经验的方法已经不管用了，自然科学研究便进入了“理论的自然科学”阶段。恩格斯正是通过对19世纪的三大科学发现——细胞学说、能量守恒和转化定律以及达尔文的进化论的分析和总结，揭示出了自然界的辩证联系和辩证发展，创立了辩证唯物主义自然观。这样从古代天才的直觉的自然观到近代形而上学的自然观再到基于科学基础的辩证唯物主义自然观，自然观的历史演变经历了一个否定之否定的过程，实现了更高层次的质的飞跃。

辩证自然观是对形而上学自然观的批判和否定。因为形而上学不承认自然界的辩证性质，所以它也就不可能对自然界作出彻底的唯物主义解释，必然要倒向唯心主义和神秘主义。正如恩格斯所指出的：“旧自然观的知识，为把全部自然科学概括为一个整体提供了基础：法国的百科全书派还是纯粹机械地进行罗列，后来圣西门和由黑格尔完成的德国自然哲学同时做过这方面的工作。”[①]“新的自然观就其基本点来说已经完备：一切僵硬的东西溶解了，一切固定的东西消散了，

① 恩格斯：《自然辩证法》，人民出版社2018年版，第14页。

一切被当做永恒存在的特殊的东西变成了转瞬即逝的东西，整个自然界被证明是在永恒的流动和循环中运动着。”①

知识链接

★ 法国百科全书派 ★

法国百科全书派，是18世纪法国启蒙思想家在编纂《百科全书》的过程中形成的派别。

法国百科全书派的核心是以狄德罗为首的唯物论者，他们以资产阶级的自由、平等为奋斗目标，以“理性”为旗帜，以无神论为武器，对封建的国家制度、伦理道德及作为其精神支柱的宗教神学，进行严厉的批判和彻底的否定。法国百科全书派在自然观领域是唯物主义的，但是具有机械性和形而上学性的缺陷。

实现了辩证法的“颠倒”，拯救了黑格尔的辩证法。在恩格斯看来，黑格尔的辩证法是有着“合理内核”的，不能完全磨灭其辩证法思想的功绩。恩格斯在《反杜林论》中指出：“这种近代德国哲学在黑格尔的体系中完成了，在这个体系中，黑格尔第一次——这是他的伟大功绩——把整个自然的、历史的和精神的世界描写为一个过程，即把它描写为处在不断的运动、变化、转变和发展中，并企图揭示这种运动和发展的内在联系。从这个观点来看，人类的历史已经不再是乱七八糟的、统统应当被这时已经成熟了的哲学理性的法庭所唾弃并最好尽快被人遗忘的毫无意义的暴力行为，而是人类本身的发展

① 恩格斯：《自然辩证法》，人民出版社2018年版，第18页。

过程，而思维的任务现在就是要透过一切迷乱现象探索这一过程的逐步发展的阶段，并且透过一切表面的偶然性揭示这一过程的内在规律性。”[①]但是和马克思一样，恩格斯也认为，黑格尔的辩证法是“颠倒”了的辩证法，“在黑格尔的辩证法中，正像在他的体系的所有其他分支中一样，一切真实的联系都是颠倒的”[②]。在恩格斯看来，黑格尔之所以会创立出“头足倒置”的辩证法，是源自其根深蒂固的唯心主义立场。“黑格尔是唯心主义者，就是说，在他看来，他头脑中的思想不是现实的事物和过程的或多或少抽象的反映，相反，在他看来，事物及其发展只是在世界出现以前已经在某个地方存在着的‘观念’的现实化的反映。这样，一切都被头足倒置了，世界的现实联系完全被颠倒了。所以，不论黑格尔如何正确地和天才地把握了一些个别的联系，但由于上述原因，就是在细节上也有许多东西不能不是牵强的、造作的、虚构的，一句话，被歪曲的。”[③]而这种唯心主义立场主要表现在黑格尔不是从“事实出发”，将辩证法从自然界和人类社会抽象出来，而是从“原则出发”，将辩证法硬塞给了自然界。恩格斯对此评价，“原则不是研究的出发点，而是它的最终结果；这些原则不是被应用于自然界和人类历史，而是从它们中抽象出来的；不是自然界和人类去适应原则，而是原则只有在符合自然界和历史的情况下才是正确的。这是对事物的唯一唯物主义的观点”[④]。

---

① 恩格斯：《反杜林论》，人民出版社2018年版，第22—23页。

② 恩格斯：《自然辩证法》，人民出版社2018年版，第47页。

③ 恩格斯：《反杜林论》，人民出版社2018年版，第23—24页。

④《马克思恩格斯文集》第9卷，人民出版社2009年版，第38页。

正是在批判地继承了黑格尔辩证法的基础上，恩格斯立足于对近代自然科学发展的最新成果，揭示出了自然界的辩证联系和辩证发展，确立了科学的唯物主义辩证法，并把辩证法规律概括为“量转化为质和质转化为量的规律；对立的相互渗透的规律；否定的否定的规律”。

三、科学回答了哲学与自然科学的关系

哲学和自然科学具有不同的思维特征，自然科学以感性和经验世界作为对象，哲学则以理性和理念世界作为对象。自然科学所面对的世界是可感知的世界，是以经验作为基础和认识材料的，因此，自然科学的问题域是可以通过感知、实验或者技术手段进行检验的。而哲学所面对的世界是超感知的世界，是以人们的思想本身作为基础和认识材料，通过外在的感官或者实证的手段是没法进行检验的，必须通过思想的力量进行抽象、把握和领悟。正如《周易》所云：“形而上者谓之道，形而下者谓之器。”自然科学所关注的对象是形而下的“器”，而哲学所关注的对象是形而上的“道”。形而下之“器”的研究必须以形而上的“道”为指导，而形而上的“道”的确立和发展也必须以形而下之“器”的研究为基础。

恩格斯为了正确地解决近代以来一直没有解决的哲学与科学的关系问题，在《自然辩证法》中第一次为哲学的存在和发展确定了科学的基础，指出哲学是科学的自然延续，是对科学成果作综合研究，揭示科学之间的联系。正如恩格斯所指出的，“要确立辩证的同时又是唯物主义的自然观，需要具备数学和自然科学的知识。马克思是精通数学的，可是对于自

然科学，我们只能作零星的、时停时续的、片段的研究。因此”，“我尽可能地使自己在数学和自然科学方面来一次彻底的——像李比希所说的——‘脱毛’，八年当中，我把大部分时间用在这上面”。[①]在这里，我们可以看到，恩格斯之所以要用八年时间在数学和自然科学领域实现一次彻底的“脱毛”，其目的正是为确立辩证唯物的自然观是奠定科学知识的基础。这也充分说明，在恩格斯看来，哲学的发展是不能脱离自然科学的，并且是在自然科学发展基础之上实现自身发展的。恩格斯认为，纯粹思辨的哲学不去关注自然科学的演进和发展成就，妄图通过所谓的终极真理凌驾于科学之上，去指导科学，最后的结果必然是走向僵化，并阻碍科学的进步。

近代自然科学的发展经历了从经验研究为主到理论综合阶段，而在理论综合阶段，哲学对于自然科学研究的重要性越发凸显，恩格斯指出：“经验的自然研究已经积累了庞大数量的实证的知识材料，因而迫切需要在每一个研究领域中系统地和依据其内在联系来整理这些材料。同样也迫切需要在各个知识领域之间确立正确的关系。于是，自然科学便进入理论领域，而在这里经验的方法不中用了，在这里只有理论思维才管用。”[②]恩格斯又进一步指出，在诸多理论思维形式中，能给予自然科学研究最多帮助的便是辩证法，“因为只有辩证法才为自然界中出现的发展过程，为各种普遍的联系，为一个研究领域向另一个研究领域过渡提供类比，从而提供说明方

① 恩格斯：《反杜林论》，人民出版社2018年版，第9页。
② 恩格斯：《自然辩证法》，人民出版社2018年版，第41—42页。

法"[①]。恩格斯在书中也谈到了轻视或忽视辩证法对于自然科学研究、对于自然科学家的危害，指出蔑视辩证法是必然会受到惩罚的。

四、深刻阐明了人与自然和谐共生的理念

恩格斯确立的辩证唯物主义自然观，不仅揭示了自然界中各种事物是相互依存、相互联系的有机生命体，并处于永无休止的演化和发展过程中，更是揭示了自然环境与人之间的辩证关系。在恩格斯看来，人与自然的关系不是根本对立的，而是统一的，人也是自然的一部分，是自然锁链中的重要一环，自然环境创造了人，人也通过劳动实践活动创造自然环境，要解决近代资本主义生产方式所带来的人与自然之间的矛盾冲突，必须推进人与自然协调发展。

自然为人类提供了物质生活资料来源，是人类社会得以存在和发展的基础。恩格斯指出："劳动和自然界在一起才是一切财富的源泉，自然界为劳动提供材料，劳动把材料转变为财富。"[②] 马克思在《1844年经济学哲学手稿》中也明确指出，"人靠自然界生活。这就是说，自然界是人为了不致死亡而必须与之处于持续不断交互作用过程的、人的身体"，"人是自然界的一部分"。[③]

人与自然是统一的，人是自然界的一部分。在恩格斯看来，人就是自然界的产物，是在自己所处的环境中和这个环境

① 恩格斯：《自然辩证法》，人民出版社2018年版，第42页。

② 恩格斯：《自然辩证法》，人民出版社2018年版，第303页。

③ 马克思：《1844年经济学哲学手稿》，人民出版社2018年版，第52页。

一起发展起来的。他在《自然辩证法》中指出，“我们连同我们的肉、血和头脑都是属于自然界和存在于自然界之中的”。[①] 恩格斯进一步指出，承认人与自然的统一是人对自然的认识不断走向深入的必然结果，我们越是正确理解自然规律，那种强调人与自然根本对立的观点便越不可能成立。如恩格斯所说，“我们一天天地学会更正确地理解自然规律，学会认识我们对自然界习常过程的干预所造成的较近或较远的后果”，“人们就越是不仅再次地感觉到，而且也认识到自身和自然界的一体性，那种关于精神和物质、人类和自然、灵魂和肉体之间的对立的荒谬的、反自然的观点，也就越不可能成立了”。[②]

另外，恩格斯认为，强调人与自然的统一性的同时，也不能否定人之为人的特殊性，因为人不仅是自然存在物，也是社会存在物、类存在物，人一方面依赖自然界生存和发展，受到自然规律的约束，另一方面又通过自觉能动的实践活动去改造自然以更好地满足自身的需要。正如恩格斯所指出的，人可以“通过他所作出的改变来使自然界为自己的目的服务，来支配自然界”[③]，反作用于自然界。恩格斯认为，自然主义历史观便是只看到了自然界作用于人，而忽视了人对于自然界的能动的反作用，“自然主义的历史观，如德雷帕和其他一些自然科学家或多或少持有的这种历史观是片面的，它认为只是自然界作用于人，只是自然条件到处决定人的历史发展，它忘记了人也反作用于自然界，改变自然界，为自己创造新的生存

①② 恩格斯：《自然辩证法》，人民出版社2018年版，第314页。

③ 恩格斯：《自然辩证法》，人民出版社2018年版，第313页。

条件”[1]。恩格斯强调，和其他物种不同，人不是自发地、被动地接受自然的馈赠，而是会自觉地按照自身的尺度去改变自然界，使自然中的“自然之物”变为“为我之物”，“只有人能够做到给自然界打上自己的印记，因为他们不仅迁移动植物，而且也改变了他们的居住地的面貌、气候，甚至还改变了动植物本身”[2]。但同时，由于人是无法脱离自然的，所以人的自主自觉的活动必然要受到自然规律的规制和约束，否则便会受到自然界的惩罚和报复。恩格斯告诫我们：“但是我们不要过分陶醉于我们人类对自然界的胜利。对于每一次这样的胜利，自然界都对我们进行报复。每一次胜利，起初确实取得了我们预期的结果，但是往后和再往后却发生完全不同的、出乎预料的影响，常常把最初的结果又消除了。”[3]这就意味着人在认识和改造自然过程中，既不能单以人的尺度来认识和改造自然，也不能单以物的尺度去认识和改造自然，而是应在人的尺度和物的尺度相统一中去认识和改造自然。

资本主义私有制是近代社会人与自然关系异化冲突的根源。在恩格斯看来，近代工业发展一方面带来了生产力的迅猛发展，另一方面也带来人与自然关系的不断恶化。工厂不断污染着城市，然后，又从城市迁往农村，不断造成新的污染。而人与自然关系不断恶化的原因便在于资本主义的私有制和生产方式，这种生产方式“使自然界的一切领域都服从于

① 恩格斯：《自然辩证法》，人民出版社2018年版，第98页。

② 恩格斯：《自然辩证法》，人民出版社2018年版，第22页。

③《马克思恩格斯选集》第3卷，人民出版社2012年版，第998页。

生产"[①]。恩格斯指出:"支配着生产和交换的一个个资本家所能关心的,只是他们的行为的最直接的效益。不仅如此,甚至连这种效益——就所制造的或交换的产品的效用而言——也完全退居次要地位了;销售时可获得的利润成了唯一的动力。"[②]恩格斯举例说,"西班牙的种植场主曾在古巴焚烧山坡上的森林,以为木灰作为肥料足够最能赢利的咖啡树利用一个世代之久,至于后来热带的倾盆大雨竟冲毁毫无保护的沃土而只留下赤裸裸的岩石,这同他们又有什么相干呢?"[③]那么怎么才能遏制这种"恶性循环",从而消解人与自然之间的矛盾冲突呢?恩格斯在文中指出,必须要对资本主义生产方式以及在此基础之上的社会制度实现完全的变革才能实现人与自然关系的和解,"为此需要对我们的直到目前为止的生产方式,以及同这种生产方式一起对我们的现今的整个社会制度实行完全的变革"[④]。恩格斯在《反杜林论》中也同样指出:"要消灭这种新的恶性循环,要消灭这个不断重新产生的现代工业的矛盾,又只有消灭现代工业的资本主义性质才有可能。"[⑤]

只有实现共产主义才能真正实现人与自然的根本和谐,实现自然主义和人道主义的真正统一。恩格斯认为,只有在共产主义社会"才有可能实现这样一种社会状态,在这里不再有任何阶级差别"[⑥],"并且第一次能够谈到真正的人的自由,

①《马克思恩格斯全集》第47卷,人民出版社1979年版,第555页。
②《马克思恩格斯选集》第3卷,人民出版社2012年版,第1000页。
③ 恩格斯:《自然辩证法》,人民出版社2018年版,第316页。
④ 恩格斯:《自然辩证法》,人民出版社2018年版,第315页。
⑤ 恩格斯:《反杜林论》,人民出版社2018年版,第319页。
⑥ 恩格斯:《反杜林论》,人民出版社2018年版,第121页。

谈到那种同已被认识的自然规律和谐一致的生活"[1]。这种"和谐一致的生活"便是人与自然的真正和谐，并且这种"和谐状态"既包含了人与自然关系的和解，也必然包含着人与人关系的和谐，这种"和谐状态"便是自然主义和人道主义的真正统一，只有在社会主义运动和共产主义实践中才能得以实现。正如马克思在《1844年经济学哲学手稿》中所指出的，"这种共产主义，作为完成了的自然主义，等于人道主义，而作为完成了的人道主义，等于自然主义，它是人和自然界之间、人和人之间的矛盾的真正解决，是存在和本质、对象化和自我确证、自由和必然、个体和类之间的斗争的真正解决。它是历史之谜的解答，而且知道自己就是这种解答"[2]。也就是说，只有在社会主义运动和共产主义实践中，我们才能不断推进人和自然界之间、人和人之间关系的和解，从而达到一种"和谐"状态。

延伸阅读

（1）马克思：《1844年经济学哲学手稿》，人民出版社2018年版。

（2）恩格斯：《反杜林论》，人民出版社2018年版。

（3）凯德洛夫：《论恩格斯〈自然辩证法〉》，三联书店1980年版，第35页。

---

① 恩格斯：《反杜林论》，人民出版社2018年版，第121页。

② 马克思：《1844年经济学哲学手稿》，人民出版社2018年版，第231页。

深度思考

（1）恩格斯对马克思主义理论体系的完善作出了哪些重要贡献？

（2）如何理解哲学和自然科学之间的相互关系？

（3）为什么说资本主义私有制是近代社会人与自然关系异化冲突的根源？

Reading & Interpretation
大家写小书·马恩经典著作新读

第四章
新时代的现实意蕴

1925年，恩格斯的《自然辩证法》在苏联正式出版。此后，在苏联以及欧美国家广泛传播并产生了较大的影响，传入中国后，更是在中国产生了持久而深入的影响。虽然进入20世纪后，《自然辩证法》屡遭西方一些学者的质疑和批判，但是其真理的光芒仍然耀眼生辉。在新时代的今天，《自然辩证法》为我们提升科学思维能力、推进生态文明建设、建设世界科技强国等方面提供了宝贵的理论支撑和思想指引。

一、有助于以辩证思维克服形而上学

在《自然辩证法》中恩格斯突出强调了理论思维和辩证思维的重要性。他指出：“一个民族要想站在科学的最高峰，就一刻也不能没有理论思维。”[①]在恩格斯看来，辩证思维是理论思维中最重要的思维形式，只有辩证思维才能为自然界的发展过程和普遍联系“提供说明方法”，辩证思维是与形而上学思维根本对立的，恩格斯正是在批判形而上学思维方式基础上确立和发展了唯物主义辩证法。辩证思维作为唯物辩证法的重要内容，是中国共产党人科学思维方法的精华所在，是中国共产党人攻坚克难不断取得各项事业成功的锐利武器。习近平总书记多次强调：“要坚持发展地而不是静止地、全面地而不是片面地、系统地而不是零散地、普遍联系地而不是单一孤立地观察事物，妥善处理各种重大关系。任何主观主义、形式主义、机械主义、教条主义、经验主义的观点都是形而上学

① 恩格斯：《自然辩证法》，人民出版社2018年版，第43页。

的思想方法，在实际工作中不可能有好的效果。”[①]

辩证法和形而上学是两种根本对立的思维方式。对于形而上学思维方式的局限性，恩格斯在《社会主义从空想到科学的发展》中指出：“在形而上学者看来，事物及其在思想上的反映即概念，是孤立的、应当逐个地和分别地加以考察的、固定的、僵硬的、一成不变的研究对象。他们在绝对不相容的对立中思维；他们的说法是：‘是就是，不是就不是；除此以外，都是鬼话’。”[②]从本质上讲，形而上学思维方式就是片面、孤立、静止地看问题的思维方式，这种思维方式“虽然在相当广泛的、各依对象性质而大小不同的领域中是合理的，甚至必要的，可是它每一次迟早都要达到一个界限，一超过这个界限，它就会变成片面的、狭隘的、抽象的，并且陷入无法解决的矛盾，因为它看到一个一个的事物，忘记它们互相间的联系；看到它们的存在，忘记它们的生成和消逝；看到它们的静止，忘记它们的运动”[③]。恰恰相反，辩证法深刻揭示了所有客观事物存在的历史性和条件性，也就内在蕴含着其存在的有限性和条件性，在自我肯定的同时进行着自我否定，一旦超越了自身存在条件的界限，就必然彻底自我否定和自我革命，上升到一个更高的阶段，呈现为一个不断发展的过程。它破除了形而上学终极性存在的永恒真理观，科学揭示了客观存在的相对性、条件性和历史性的特点，所以说“辩证法不崇拜任何东西”。

---

① 习近平：《辩证唯物主义是中国共产党人的世界观和方法论》，《求是》2019年第1期，第8页。

② 恩格斯：《反杜林论》，人民出版社2018年版，第20页。

③ 恩格斯：《反杜林论》，人民出版社2018年版，第21页。

辩证法认为，万物皆流，无物常驻，所有的经验世界的存在都是有条件的，都有其产生的前提，同样也都有其存在的界限，都是作为一定的过程而存在，也就是说，都有一个产生、发展和灭亡的历史，世界不过是过程的集合体而已。恩格斯在《路德维希·费尔巴哈和德国古典哲学的终结》中指出："这种辩证哲学推翻了一切关于最终的绝对真理和与之相应的绝对的人类状态的观念。在它面前，不存在任何最终的东西、绝对的东西、神圣的东西；它指出所有一切事物的暂时性；在它面前，除了生成和灭亡的不断过程、无止境地由低级上升到高级的不断过程，什么都不存在。"[①]

无论是理论认识、自然事物，还是社会历史都是如此，从来不存在绝对性的永恒存在和终极真理。从理论认识方面来说，并不存在放之四海而皆准、永恒不变的终极真理。例如，作为欧氏几何基础的一系列公理，都是具有一定条件性的相对真理。以平行线公理为例，"两条平行线无限延长永不相交"这个结论是有前提的，即在平面的前提下是具有合理性的，也是有界限的，即在平面的界限内是有效的，其真理性的条件是平面范围，超越了这个条件就失去了真理性。

在自然领域同样如此。赫拉克利特所说"人不能两次踏进同一条河流"，是因为所有的客观事物都是在时间中不断展开着的存在，也必然会随着时间的流逝而不断变化。所有现存的客观事物在产生之前是不存在的，因为从时间性上来讲，其不具备存在的前提条件，所有的既成事物都是最终要毁灭

①《马克思恩格斯文集》第4卷，人民出版社2009年版，第270页。

的，因为从时间性上来讲，其必然会超出自己存在的界限，因此，所有的客观事物都只是具备历史的合理性，是有条件的历史性存在。

知识链接

★ 人不能两次踏进同一条河流 ★

“人不能两次踏进同一条河流”是古希腊哲学家赫拉克利特提出的。他把客观存在的事物比作一条河，声称人不能两次踏进同一条河。因为当人第二次进入这条河时，是新的水流而不是原来的水流在流淌。赫拉克利特认为，世界上的一切事物永远都在运动变化之中，万物皆流，无物常驻。在他看来，宇宙万物没有什么是绝对静止的和不变化的，一切都在运动和变化，整个宇宙就是一团永不熄灭的活火。恩格斯对他的变的哲学给予了高度评价：“这个原始的、素朴的但实质上正确的世界观是古希腊哲学的世界观，而且是由赫拉克利特第一次明白地表述出的：一切都存在，同时又不存在，因为一切都在流动，都在不断地变化，不断地产生和消灭。”

人类历史也是如此。每一个历史阶段都是在既有的前提下生成，也必然会随着历史的发展超越自己存在的界限，最终丧失存在的条件而走向灭亡。马克思在《〈政治经济学批判〉序言》中指出：“无论哪一个社会形态，在它所能容纳的全部生产力发挥出来以前，是决不会灭亡的；而新的更高的生产关系，在它的物质存在条件在旧社会的胎胞里成熟以前，是决不会出现的。所以人类始终只提出自己能够解决的任务，因为只要仔细考察就可以发现，任务本身，只有在解决它的物质条件已经存在或者至少是在生成过程中的时候，才会产生。”[①]

坚持辩证思维，要学习掌握事物矛盾运动的基本原理，不断强化问题意识，积极面对和化解前进中遇到的矛盾。问题是事物矛盾的表现形式，我们强调增强问题意识、坚持问题导向，就是承认矛盾的普遍性、客观性，就是要善于把认识和化解矛盾作为打开工作局面的突破口。我们党领导人民干革命、搞建设、抓改革，从来都是为了解决中国的现实问题。对待矛盾的正确态度，应该是直面矛盾，并运用矛盾相辅相成的特性，在解决矛盾的过程中推动事物发展。

坚持辩证思维，要客观地而不是主观地、发展地而不是静止地、全面地而不是片面地、系统地而不是零散地、普遍联系地而不是孤立地观察事物、分析问题、解决问题，在矛盾双方对立统一的过程中把握事物发展规律，克服极端化、片面化。我们观察形势、分析事物、制定政策、解决问题，都要坚持矛盾分析方法，坚持“两点论”和“重点论”的统一。

根据辩证法的本质，我们必须清醒地认识到中国特色社会主义的历史条件性，一切从实际出发，实事求是地谋划和推动中国特色社会主义伟大事业。当前，我国社会主要矛盾已经转化为人民日益增长的美好生活需要和不平衡不充分的发展之间的矛盾，发展中的矛盾和问题集中体现在发展质量上。这就要求我们必须把发展质量摆在更为突出的位置，着力提升发展质量和效益。

①《马克思恩格斯选集》第2卷，人民出版社2012年版，第3页。

二、为新时代生态文明建设提供思想资源

恩格斯的《自然辩证法》中蕴含着丰富而又深刻的生态文明思想，这为我们推进绿色发展、建设中国特色社会主义生态文明提供了理论支撑。党的十八大以来，习近平总书记多次强调："恩格斯在《自然辩证法》中写到：美索不达米亚、希腊、小亚细亚以及其他各地的居民，为了得到耕地，毁灭了森林，但是他们做梦也想不到，这些地方今天竟因此而成为不毛之地，因为他们使这些地方失去了森林，也就失去了水分的积聚中心和贮藏库。阿尔卑斯山的意大利人，当他们在山南坡把那些在山北坡得到精心保护的枞树林砍光用尽时，没有预料到，这样一来，他们把本地区的高山畜牧业的根基毁掉了；他们更没有预料到，他们这样做，竟使山泉在一年中的大部分时间内枯竭了，同时在雨季又使更加凶猛的洪水倾泻到平原上。"[①]"我们要建设的现代化是人与自然和谐共生的现代化，既要创造更多物质财富和精神财富以满足人民日益增长的美好生活需要，也要提供更多优质生态产品以满足人民日益增长的优美生态环境需要。"[②]

虽然恩格斯所处的时代，工业化还未充分发展，但人与自然之间的矛盾已经凸显出来。针对这一矛盾，恩格斯提出了解决方案。一方面，必须进行观念的革新，即从人与自然对立的自然观转向人与自然统一的自然观，也就是确立恩格斯所

---

① 习近平：《深入理解新发展理念》，《求是》2019年第10期，第9—10页。

② 习近平：《决胜全面建成小康社会　夺取新时代中国特色社会主义伟大胜利——在中国共产党第十九次全国代表大会上的报告》，《求是》2017年第12期，第21页。

提出的辩证唯物主义的自然观。恩格斯指出，我们必须“认识到自身与自然界的一体性，那种关于精神和物质、人类和自然、灵魂和肉体之间的对立的荒谬的、反自然的观点，也就越不可能成立了”。[①]另一方面，要实现人与自然的和谐，仅仅基于观念的革新是不够的，还必须实现生产方式以及同这种生产方式相联系的社会制度的全面的变革，也就是对资本主义制度的根本变革。

当前，我们早已完成这种制度变革，确立了社会主义制度，那是否意味着我们已经解决了人与自然之间的矛盾了呢？当然没有，因为我们虽然已经确立了社会主义制度，但是我们的很多具体制度却并不是完善的、成熟的，比如生态文明建设体制机制还亟待健全等。

党的十八大以来，我们形成了经济建设、政治建设、文化建设、社会建设、生态文明建设“五位一体”的中国特色社会主义事业总体布局。“五位一体”各方面相互联系、相互促进、不可分割，共同构筑起中国特色社会主义事业的全局。在“五位一体”总体布局的指导下，我们能够更好实现坚持以经济建设为中心和促进经济、政治、文化、社会、生态文明建设各方面相协调。特别是我们把生态文明建设纳入总体布局之中，通过运用系统思维，在统筹经济发展和环境保护中，确立了绿色发展理念，形成了绿色发展新方式，推进了生态文明制度体系加快形成，使中国人民生于斯、长于斯的家园更加美丽宜人。

绿色发展理念揭示了发展本质上是一个遵循自然规律、

① 恩格斯：《自然辩证法》，人民出版社2018年版，第314页。

实现人与自然和谐共生的过程。人类社会发展过程中的各种活动必须尊重自然、顺应自然、保护自然，遵循自然发展规律，否则就会遭到大自然的报复。绿色发展注重的是解决人与自然的和谐问题，必须坚持节约资源和保护环境的基本国策，坚定走生产发展、生活富裕、生态良好的文明发展道路，加快建设资源节约型、环境友好型社会，推进美丽中国建设，为全球生态安全作出新贡献。

坚持绿色发展，关键是处理好发展与代价、经济发展与环境保护、“金山银山”与“绿水青山”的辩证关系。按照唯物辩证法和唯物史观的观点，代价是人类为社会发展所作出的付出以及为实现发展所承担的消极后果。在发展过程中，代价的付出有的是不可避免的，有的是可以避免的，而且即使是不可避免的也还有一个付出的限度问题。因此，人们应当对代价采取实事求是的辩证分析态度，不仅要争取避免付出可以避免的代价，也要争取把不可避免的代价降低到最低的程度。在我国的发展中，我们必须努力争取实现经济发展和环境保护的双赢，不能为了“金山银山”牺牲“绿水青山”，既要“金山银山”又要“绿水青山”，我们要牢牢坚持“绿水青山就是金山银山”理念，在此基础上不断拓宽“绿水青山”与“金山银山”的转化通道。

三、为建设科技强国提供思想指引

恩格斯在《自然辩证法》中基于辩证唯物主义立场，在深入考察和剖析人类社会从古代到近代的科技发展史基础上，形成了其辩证唯物主义的科技观。恩格斯的科技观揭示了科技的生产力本质以及科技创新是生产力发展与变革的决定力量，指出了社会需求是科技创新的动力源泉，强调了理论思维对于科技创新的重要指导作用，这为我国当前推进科技创新、建设成为世界科技强国提供了思想指引和理论支持。习近平总书记指出：“中国要强盛、要复兴，就一定要大力发展科学技术，努力成为世界主要科学中心和创新高地。我们比历史上任何时期都更接近中华民族伟大复兴的目标，我们比历史上任何时期都更需要建设世界科技强国！”①

创新是当今时代的鲜明主题。在当今时代，技术创新、知识创新、管理创新、制度创新已经成为社会进步和经济发展的根本动力，这就表明创新实践已经日益成为社会实践的主导形式和价值创造的重要源泉，创新已经成了时代主题。当今时代是一个需要创新，而且能够创新的时代，创新已经成了经济社会发展的内生变量。这主要表现在：第一，知识创新速度加快，而且它对经济增长的贡献率大幅度提高，当今知识更替、知识积累的速度更是惊人，呈“知识爆炸”形态；第二，科技创新加快，科学技术转化为现实生产力的周期大大缩短，科技创新重要性越发凸显；第三，管理创新通过实现知识、技术、资本、信息、人力资源、市场需求的新组合已成为价值创造的重要源泉；第四，制度创新不仅可以通过降低交易成本、为经济提供服务、为合作创造条件、提供激励机制、外部利益内部化等功能对技术进步作出贡献，而且已经成为推动经济增长和社会发展的重要力量；第五，产业结构和生产方式的变化决定

① 习近平：《在中国科学院第十九次院士大会、中国工程院第十四次院士大会上的讲话》，人民出版社2018年版，第8页。

了社会的劳动结构将发生根本性改变，创新劳动渐渐上升到主导地位。不仅简单繁重的体力劳动，而且部分脑力劳动也被人工智能和机器替代，而对于那些无法程序化、无法模拟的创新劳动来说，人工智能和机器是无能为力的。

科技创新是人类社会发展的根本动力。唯物史观认为，生产力是社会发展的最终决定因素，人类社会的发展就是先进生产力不断取代落后生产力的历史进程。马克思和恩格斯在《德意志意识形态》中指出："一定的生产方式或一定的工业阶段始终是与一定的共同活动方式或一定的社会阶段联系着的，而这种共同活动方式本身就是'生产力'；由此可见，人们所达到的生产力的总和决定着社会状况"[①]，"人们在发展其生产力时，即在生活时，也发展着一定的相互关系；这些关系的形式必然随着这些生产力的改变和发展而改变。"[②]然而，"自然界没有造出任何机器，没有造出机车、铁路、电报、自动走锭精纺机等等"。[③]那么，新的生产力是如何产生的呢？"它们是人的产业劳动的产物，是转化为人的意志驾驭自然界的器官或者说在自然界实现人的意志的器官的自然物质。它们是人的手创造出来的人脑的器官；是对象化的知识力量。固定资本的发展表明，一般社会知识，已经在多么大的程度上变成了直接的生产力，从而社会生活过程的条件本身在多么大的程度上受到一般智力的控制并按照这种智力得到改造。"[④]这实

---

①《马克思恩格斯选集》第1卷，人民出版社2012年版，第160页。

②《马克思恩格斯选集》第4卷，人民出版社2012年版，第413页。

③《马克思恩格斯选集》第2卷，人民出版社2012年版，第784页。

④《马克思恩格斯选集》第2卷，人民出版社2012年版，第784—785页。

际上就是说，科技创新是推动生产力发展的内生变量。如果深入分析当代生产力发展的进程，我们就更能够清楚地看到：正是科技创新实践成了生产力发展的原动力。科技创新之所以能够对生产力的发展具有如此巨大的推动作用，是因为它对于生产力各要素的深刻变革具有决定性的推动作用，不仅大大促进了生产力量的增加，更重要的在于促进了生产力质的提高，从而推动着生产力的跨越式发展。

当前时期，新一轮科技革命和产业革命的孕育和兴起正为全球经济增长提供了新的发展动力，也为我们创造了赶超发达国家、建设世界科技强国的机会"窗口"。近代工业革命以来的历史和现实昭示我们，科技创新是推动生产力大变革并进而推动社会大变革的首要动力。当今世界，科技发展日新月异，人工智能、量子科技等新技术成果层出不穷，新的经济增长点不断孕育，科技领域的竞争愈演愈烈，各个国家纷纷抢占科技制高点。新一轮科技革命为我们带来了前所未有的竞争与挑战，甚至遭到超级大国的围追堵截，但同时也为我们转变经济发展方式、优化经济结构、实现后发优势的动能转换升级提供了难得的机遇。正如习近平总书记所说："即将出现的新一轮科技革命和产业变革与我国加快转变经济发展方式形成历史性交汇，为我们实施创新驱动发展战略提供了难得的重大机遇。"①

要推进科技创新，必须要注重科技人才的培养。广大科技工作者是科技创新的实践主体，担负着民族复兴的神圣使

---

①《习近平关于科技创新论述摘编》，中央文献出版社2016年版，第24页。

命。自改革开放以来，我国进入了“科学的春天”，科技创新也取得了巨大成就，为我国经济社会发展提供了坚强的支撑，为国防安全作出了历史性贡献，为我国发展成为一个有世界影响的大国奠定了重要基础。这一切都离不开科技工作者所作出的重要贡献。

加强科技人才的培养，必须注重科技人才对科学理论思维的学习和研究。在恩格斯看来，自然科学家必须要接受哲学的支配，因为“对于缺乏逻辑修养和辩证法修养的自然科学家来说，相互排斥的假说的数目之多和更替之快，很容易引起这样一种想法：我们不可能认识事物的本质”①。而那些鄙视哲学、忽视哲学的自然科学家，终究会成为“最蹩脚的哲学的奴隶”，“自然科学家相信，他们只要不理睬哲学或辱骂哲学，就能从哲学中解放出来。但是，因为他们离开思维便不能前进，而且要思维就得有思维规定，而这些范畴是他们从所谓有教养者的那种受早已过时的哲学残渣支配的一般意识中盲目地取来的”，“正因为这样，他们同样做了哲学的奴隶，而且遗憾的是大多做了最蹩脚的哲学的奴隶，而那些对哲学家辱骂得最厉害的人恰好成了最蹩脚的哲学家的最蹩脚的庸俗残渣的奴隶”。②这就要求广大科技工作者必须注重哲学思维的训练，加强自然辩证法的学习和研究，从而用科学的世界观和方法论认识自然和改造自然。正如恩格斯所指出的，“然而对于现今的自然科学来说，辩证法恰好是最重要的思维形式，因为只有辩证法才为自然界中出现的发展过程，为各种普遍的联

① 恩格斯：《自然辩证法》，人民出版社2018年版，第110页。

② 恩格斯：《自然辩证法》，人民出版社2018年版，第68—69页。

系，为一个研究领域向另一个研究领域过渡提供类比，从而提供说明方法”①。

同时，社会各界也要充分尊重和爱护科技工作者及其创新活力，为广大科技工作者工作学习创造更好条件，加快形成有利于科技工作者干事创业的体制机制，遵循科技工作者工作特点和规律，让广大科技工作者把更多精力集中于本职工作，把自己的才华和能量充分释放出来。

延伸阅读

（1）马克思：《〈政治经济学批判〉序言》，《马克思恩格斯选集》第2卷，人民出版社2012年版。

（2）习近平：《辩证唯物主义是中国共产党人的世界观和方法论》，《求是》2019年第1期。

（3）习近平：《深入理解新发展理念》，《求是》2019年第10期。

深度思考

（1）如何做到坚持辩证思维？

（2）恩格斯生态哲学思想对新时代生态文明建设有何启示？

（3）结合新时代科技人才培养工作，谈谈对恩格斯所讲的“不管自然科学家采取什么样的态度，他们还是得受哲学的支配”的理解。

① 恩格斯：《自然辩证法》，人民出版社2018年版，第42页。

后　记

习近平总书记指出："马克思主义经典著作包含着经典作家所汲取的人类探索真理的丰富思想成果，体现着经典作家攀登科学理论高峰的不懈追求和艰辛历程。阅读经典著作，本身就是增长知识、开阔眼界、增加思想深度和训练思维方式的过程，就是培养高瞻远瞩的战略洞察力和脚踏实地的工作作风的过程，会使我们在潜移默化中受到他们崇高风范和人格力量的熏陶，从而实现自己思想境界和道德情操的升华。"这深刻阐述了阅读马克思主义经典著作对于我们树立正确的世界观、人生观和价值观，从而提高辩证思维能力，掌握科学的思想方法和工作方法，进而正确分析问题、解决问题和推动各项事业发展所具有的重大意义。我们的事业越是向纵深发展，就越要不断增强理论思维能力。没有科学的理论支撑，就不能掌握科学的世界观和方法论，就不能透过现象看本质，就不能把握事物的内在联系，就容易陷于盲目性、片面性、被动性。为此，我们必须要原原本本学习和研读经典著作，不断接受马克思主义哲学智慧的滋养，从而提高战略思维能力、综合决策能力、驾驭全局能力，努力开创新时代中国特色社会主义事业各项工作的新局面。

《自然辩证法》是恩格斯一生写作中花费时间最长、付出心血最多的一部著作，虽然尚未完成，但却是马克思主义经典著作理论宝库中的一颗明珠，对于马克思主义理论体系的完善和发展具有重要意义。列宁在评价恩格斯的理论贡献时曾这样说："不研读恩格斯的全部著作，就不可能理解马克思主义，也不可能完整地阐述马克思主义。"本书对《自然辩证法》的写作背景、主要内容、理论意义和历史意义及其在新时代的现实意蕴等方面进行了梳理和研究，以期能为广大读者深入理解和研学这部著作有所帮助。需要特别指出的是，本书的资料收集整理和初稿草拟工作很大一部分是由谷耀宝同志完成的，我在此基础上进行了进一步的修改、统稿和审稿。洛阳师范学院王曼同志对此书的写作完成亦有贡献。创作过程中也参考了同行专家的成果。在此一并感谢！

由于学识和能力有限，书中难免会有错讹和不足之处，敬请各位读者和专家不吝指教。

董振华

2021年12月于大有庄100号